Uschi gräbt um!

Bildnachweis

S. 16: Loba/Fotolia.com | S. 32: YvonneG./Fotolia.com | S. 37: Johanna Muehlbauer/Fotolia.com | S. 60 (rechts): Ugreen/istockphoto.com | S. 61 (links): Hetizia/Fotolia.com | S. 61 (rechts): Mike Richter/Fotolia.com | S. 67: Birgit Reitz-Hofmann/Fotolia.com | S. 74: fotofund/Fotolia.com | S. 79: emmi/Fotolia.com | S. 140: petrabartz/Fotolia.com | S. 146: Kitty/Fotolia.com | S. 154 (rechts): Printemps/Fotolia.com | S. 156: awfoto/Fotolia.com
Alle anderen Fotos von Uschi Zezelitsch

Haftungsausschluss

Der Verlag und die Autorin übernehmen keinerlei Haftung für Beschwerden, die sich durch Anwendung der Rezepte ergeben, und übernehmen auch keinerlei Verantwortung für medizinische Forderungen.

Impressum

avBUCH im Cadmos Verlag

Umschlag, Layout & Satz: www.ravenstein2.de
Satz & Bildreproduktion: www.ravenstein2.de
Lektorat: Christine Weidenweber, www.verbene.eu

Druck: Himmer AG, Augsburg

Deutsche Nationalbibliothek – CIP-Einheitsaufnahme
Die Deutsche Nationalbibliothek verzeichnet diese Publikation in der Deutschen Nationalbibliografie; detaillierte bibliografische Daten sind im Internet über http://dnb.ddb.de abrufbar.

Printed in Germany

ISBN 978-3-8404-7538-2

Inhalt

Inhalt

♡ für Pauline!

„Wenn ich groß bin, werde ich Kräuterhexe!"

Angefangen hat alles bereits im Kindergarten. Damals verrührte ich Lehm mit Blättern und Blüten zu Salben. Entsprechend meiner Leidenschaft „Medizin herzustellen", antwortete ich auf die Frage: „Uschi, was willst du denn einmal werden, wenn du erwachsen bist?" mit einem klaren Statement: „Eine Kräuterhexe." Mit acht Jahren schrieb und illustrierte ich meine erste Kräuterhexen-Geschichte und mit elf Jahren bekam ich mein erstes Kräuterbuch.

Die magische Anziehungskraft von Kräutern in Verbindung mit altem Wissen um Wirkungsweisen und ihren Stellenwert in Mythologie, Kultur und Geschichte ließ mich seither nie mehr los.

Auf meinen täglichen Streifzügen durch die „wilden Gegenden" meines Heimatortes verbrachte ich viele Stunden damit, mit Pflanzen und Tieren zu sprechen und sie zu beobachten und kam nie ohne einen Wildblumenstrauß nach Hause.

Aus diesem Grund grabe ich auch leidenschaftlich gerne um. Damit meine ich nicht, dass ich den Mikrokosmos in Unordnung bringe, indem ich die oberen Bodenschichten wende, sondern vielmehr schaufle ich fast vergessenes Wissen wieder ans Tageslicht. Ich durchsuche Bibliotheken nach Rezepten aus vergangenen Jahrhunderten, „ackere" die Aufzeichnungen meiner Großmütter durch und stelle, wann immer ich die Möglichkeit dazu geboten bekomme, Keller und Dachböden auf den Kopf.

Ich absolvierte mein Studium der Heil- und Sonderpädagogik an der Universität Wien und übte meinen erlernten Beruf einige Jahre mit Freude aus, bevor ich damit begann, Kinder-, Kultur- und Umweltprogramme zu konzipieren. Mein zweites, von Pflanzen fasziniertes Ich habe ich aber bei all meinem Tun immer mit eingebunden. Seit ich vor einigen Jahren als Gastmoderatorin für die ORF-Sendung „Natur im Garten" entdeckt wurde, trage ich sozusagen auch offiziell und stolz den „Berufstitel Kräuterhexe". Mein Wunsch ging in Erfüllung!

Es macht großen Spaß und stellt mich immer wieder vor Herausforderungen, die Sendungsinhalte zusammenzustellen, Pflanzen in ein neues Licht – manches Mal auch ins rechte Licht – zu rücken und mit spannenden Neuigkeiten zu überraschen. Die Zuschauer waren, so scheint es, von meinen „Ausgrabungen", den Ideen, Rezepten und Tipps begeistert, sonst wäre es nicht zu diesem Buch gekommen.

Ich freue mich, wenn es dieses, mein erstes Buch, ebenfalls schafft, Sie zu begeistern und Sie vor allem anzustecken mit der Lust und Leidenschaft am Genuss eigener Produkte aus der heimischen, nahrhaften Landschaft.

Ich wünsche Ihnen dazu das allergrößte Vergnügen!

Glück gehabt!

Ich hatte das Glück, den Krautgarten der einen Großmutter als farbenprächtiges Paradies kennenzulernen und im Garten der anderen Großmutter in Blütenmeeren versinken zu dürfen. Ich habe das Glück, den Jahreskreislauf mit den Sammelausflügen meiner Kindheit in Verbindung zu bringen. Vom Schneerosen-Pflücken über Kirschen-Ernten bis zum Kastanien- und Hagebutten-Sammeln lernte ich die Natur von meinen Eltern im Rahmen von duftenden und geschmackvollen kleinen Abenteuern kennen.
Ich habe das Glück, Freunde zu haben und immer wieder Menschen zu begegnen, die mein Vergnügen, meine Leidenschaft und auch Dankbarkeit für den Reichtum an Pflanzen und ihr eigenes Wissen darüber mit mir teilen.
Und ich schätze mich glücklich, mein kleines Stück Wissen weitergeben und einen Beitrag zu mehr Lebensqualität durch regionalen, saisonalen Genuss leisten zu dürfen.

Meine Rezepte gehören nicht zur Kategorie Haute Cuisine. Ich habe weder einen modernen Herd noch einen Geschirrspüler und immer viel zu wenig Zeit und Geduld. Aber diese Mankos regen meine Fantasie an, und nach einigen experimentellen Jahren bin ich stolz auf die Ergebnisse meiner „Uschi Cusine".
Ich liebe meine kulinarischen und gegen „Wehwehchen" wirksamen Erfindungen. Sie entlocken meinen Gästen Begeisterungsrufe, kranken Familienmitgliedern dankbare Lobesworte und mich selber trösten sie nicht selten mit ihrem Geschmack nach Sommer über graue, kalte Zeiten hinweg.
Eine komplette Versorgung mit saisonalen, heimischen Lebensmitteln und eigenen Produkten, die nichts zu globalen Emissionen beitragen und weder chemische Dünge- und Spritzmittel noch Antibiotika enthalten – das ist mein Ziel.
Ich vertraue dabei auf die Erfahrungen meiner Vorfahren, die im Gleichklang und mit Unterstützung der Natur anbauten, ernteten, aßen … lebten.

Was sagt das Bauchgefühl?

Beim Arbeiten mit Pflanzen darf man ruhig auf sein Bauchgefühl hören. Nicht jede Pflanze tut allen gleich gut. Nicht alle Informationen sind für jeden gleich nützlich.
Dieses Buch ist weder ein Pflanzenbestimmungsbuch noch ein Kochbuch. Es ist ein Lesebuch mit Pflanzenabenteuern, die ihre Umsetzung in den Küchen und Werkstätten der Leser finden. Es stellt eine Auswahl an Lieblingspflanzen und meinen Zugang zu ihnen dar. Daher sind die Pflanzenporträts sehr persönlich und die Rezepte möglichst unkompliziert und praxisnah formuliert.

Sammeln mit Hirn und Herz

Alles, was Sie sammeln, müssen Sie hundertprozentig kennen. Sammeln Sie mit Hirn und Herz, denn außerhalb der Gartenmauern gibt es Pflanzen mit giftigen Doppelgängern. Kurse in freier Natur, unter fachkundiger Leitung, können das Kennenlernen und Verarbeiten von Pflanzen wesentlich erleichtern.
Obwohl der sicherste Sammelort wohl der eigene Garten ist, kommt die heimische Natur meiner Abenteuerlust entgegen. Dort sollte man die Sammelorte allerdings gut kennen. Schaden Abgase oder Pestizide die umliegende Flur?
Respekt und Wertschätzung der Natur gegenüber sind für mich beim Sammeln oberstes Gebot. Diesbezüglich ist es für mich wichtig zu wissen, ob es geschützte Pflanzen gibt und wie viel Wildsammlung das Gebiet verträgt, damit für andere genügend Pflanzen übrig bleiben und diese sich auch noch fortpflanzen können. Und selbstverständlich soll die Menge des Sammelgutes nur den eigenen Verbrauch decken.
Die richtigen Wetterverhältnisse tragen meiner Erfahrung nach enorm viel zur qualitativ hochwertigen Verarbeitung des Sammelgutes bei. Ich sammle – mit wenigen Ausnahmen – nur an trockenen, warmen Vormittagen, nachdem der Tau abgetrocknet ist. Im besten Fall sind mindestens zwei Tage vor der Ernte regenfrei. Tage mit hoher Gewitterwahrscheinlichkeit und der damit verbundenen hohen Luftfeuchtigkeit eignen sich ebenfalls nicht, denn die Feuchtigkeit verwässert im wahrsten Sinne des Wortes Geschmack und Heilkraft und regt noch dazu zu Schimmelbildung an.
Genau aus diesem Grund wasche ich nur bodennah wachsende Pflanzen, und auch nur dann, wenn ich sie sofort frisch zubereite. Sammelgut, das für die Konservierung gedacht ist, bringe ich nicht mit Wasser in Berührung. Da Wildsammler meiner Meinung nach nicht zu den Risikogruppen einer Infektion mit dem Fuchsbandwurm gehören, lass ich mir die Freude und den Appetit nicht durch Panikmache verderben.
Statt Pflanzen zu waschen, verlese ich sie sorgfältig, entferne dabei Insekten, welke oder beschädigte Teile und reinige Wurzeln trocken mit einer Gemüsebürste.

Also dann: Viel Glück! Es kann losgehen!

„Wenn ich ein heiliger Drei-König wär …“ würde ich dem Jesuskind Hagebutten, Dost, Kletzn und Safran mitbringen

Jänner

Ich klebe am Ofen und erfinde Wörter gegen Eis und Schnee. Draußen herrscht Gevatter Winter und drinnen stapeln sich wie zum Trotz, aber vor allem zum Trost Kräuterbücher und Gartenmagazine.

„Im Jänner geht´s schon hinaus zu", pflegte meine Oma zu sagen. Ein immer noch tröstlicher Satz, der, wenn er mir in den Sinn kommt, mir ein wenig Mut und Tatendrang einflößt. „Es stimmt", überzeuge ich mich selber, „ich kann schon spüren, dass die Tage länger werden. Es kann nicht mehr so lange dauern ..." Es klingelt an der Haustür. Die Heiligen Drei Könige statten mir einen Besuch ab. Als ich die Tür vom Vorraum zur Küche öffne, setze ich damit dem Geruch von Weihrauch den Duft nach frischer Hagebuttenmarmelade entgegen und die kleinen Könige schauen mich erwartungsvoll an. Selbstverständlich dürfen sie sich mit Marmeladestriezel und Tee stärken, bevor sie weiterziehen. Ich kann mich noch gut erinnern, wie es war, als ich vor langer Zeit, den Stern in meiner Obhut, mit gefrorenen Zehen und Fingern von Haus zu Haus zog. Heißes und Süßes hat damals immer gutgetan. Und tut es heute noch.

Die Hagebutte

Das ist einer der vielen Gründe, warum ich an eisigen Jännertagen mit Hingabe Marmelade einkoche. Ich verwende dazu entweder Früchte, die ich vor dem Winter geerntet und tiefgefroren habe, oder Hagebutten, die bei einem Winterspaziergang in meinen Korb gehüpft sind. Letztere sind kostbar, weil sie im Jänner nur mehr in kleinen Mengen zu finden und mit hungrigen Tieren fair zu teilen sind.
„Wenn du zu Neujahr drei rohe ‚Hätscherl' isst – so nennt man im Burgenland die Hagebutte –, brauchst du das ganze Jahr keinen Doktor." Auch eine Weisheit meiner Oma, die ich aber nur augenzwinkernd weitergeben möchte. Im Gegensatz dazu verrate ich Kindern das Rezept meines Großvaters für Juckpulver aus Hagebuttenkernen heute noch ganz gerne.
Das Entfernen der Hagebuttenkerne für die Zubereitung meiner „Königsmarmelade" übernimmt Gott sei Dank jemand für mich. Das dauert immer einige Fußballmatches lang, aber der Aufwand lohnt sich allemal.
Die rot leuchtenden Fruchtschalen sind eine Augenweide, auch wenn sie auf unseren heimischen, an Wald- und Wegesrändern verbreiteten Heckenrosen sitzen. Sie tragen von Oktober bis Jänner kreativ zur Landschaftsgestaltung bei und bieten obendrein vielen Tieren Unterkunft und Nahrung.
Auch von den Menschen wird die Hagebutte als Nahrung und ganz besonders als Heilmittel seit vielen Jahrhunderten geschätzt. Mit Brei aus den Früchten heilte man Bauchschmerzen, Durchfall und Grippe, und auch in meiner Kindheit ging keine fiebrige Erkältungskrankheit ohne ein paar Tassen Hagebuttentee vorbei.
Die Frucht ist für mich gleichermaßen ein kleiner Doktor und eine große Vitaminbombe. Sowohl Schale als auch Kerne besitzen viele Heilkräfte: So verwende ich die Schalen außer zur Zubereitung von Tee auch für einen Aufguss zur Linderung von Rheuma.
Und unter meinen Kosmetikprodukten findet sich immer ein Fläschchen mit Hautöl, hergestellt aus den Kernen der Früchte. Es unterstützt die Zellerneuerung meiner Haut und macht sie schön und straff.
In der kalten Jahreszeit braucht mein Immunsystem besondere Zuwendung und Unterstützung. Der extrem hohe Vitamin-C-Gehalt, das Provitamin A und die Mineralsalze der Hagebutte sorgen bestens dafür und machen sich sogar noch in einem Mus, Likör oder Sirup, in einer pikanten Soße oder heißen Bowle bemerkbar.

Hagebutten-„Königsmarmelade“

ZUTATEN

1 kg Hagebuttenschalen
½ kg 1:2 Gelierzucker
1/8 l Orangensaft
2 EL geriebene Orangenschale
½ Zimtstange
3 Gewürznelken
1/8 l Sanddornsirup
Mark einer ausgekratzten Vanille
Blattgold

ZUBEREITUNG

1 Im Jänner steht die Zubereitung von Hagebuttenmarmelade ganz oben auf meiner Hitliste. Definitiv nach einigen Frösten geerntet – denn erst dann werden die Früchte richtig süß – und von ihren Kernen befreit, gebe ich die verlesenen Hagebuttenschalen gemeinsam mit dem Gelierzucker und dem Saft einer Bio-Orange samt geriebener Schale in einen Topf. In einem Leinensäckchen hänge ich eine halbe Zimtstange und Gewürznelken dazu. Ein Schuss Sanddornsirup und eine Vanilleschote passen auch hervorragend dazu.

2 Dann werden die Fruchtschalen und anderen Zutaten langsam erwärmt. Während ich umrühre und sich der Zucker auflöst, steigen mit dem Duft Bilder von blühenden Heckenrosen und Oma-Lachen auf. Bevor ich die Marmelade vom Herd und das Gewürzsäckchen herausnehme, muss sie vier Minuten sprudelnd gekocht haben. Hin und wieder ertappe ich mich dabei, dass ich während des Rührens das Kinderlied vom „Männlein aus dem Wald mit dem purpurroten Umhang“ summe.

3 Dann wird die Hagebuttenmarmelade durch ein Sieb passiert und in sterile Gläser gefüllt. Mit einem Hauch essbarem Blattgold obendrauf wird sie zur königlichen Marmelade und meine handgemalten Etiketten setzen den Einmachgläsern das Krönchen auf.

Mein Tipp

Die Früchte vom Ansatz eines Hagebuttenlikörs sind viel zu schade, um sie zu entsorgen, und werden von mir immer zu einer Marmelade „mit Geist“ weiterverarbeitet.

Der Dost

Am Abend der letzten Raunacht ziehen geheimnisvolle Schwaden durch mein Haus. Ganz im Sinne eines Brauchtums aus einer Zeit, in der das Jahr 13 Mondmonate mit nur 354 Tagen umfasste, gehe ich am 6. Jänner noch einmal mit meiner Räucherschale von Raum zu Raum.
Die fehlenden elf Tage oder zwölf Nächte werden von mir auf bestimmte Weise besonders bedacht. In solchen Nächten nimmt man, so wie ich, die Mythologie ernst, denn dann „tun sich Welten auf". Eines der zu diesem Ereignis passenden Rituale pflege ich nach wie vor: das Räuchern mit getrockneten Kräutern und Harzen. Der meditative Vorgang reinigt Räume, Tiere und Menschen. Der Rauch vergrault Viren und Bakterien und nimmt negative Energien auf. Wenn ich anschließend Fenster und Türen für wenige Minuten öffne, zieht Störendes hinaus in die Winternacht, und das neue Jahr mit all seinen Abenteuern und Herausforderungen zieht so richtig ganz bei mir ein.
Einer der Hauptbestandteile der „Dreikönigs-Räuchermischung" ist der Dost. Die bei uns heimische, mehrjährige Wildpflanze ist für mich in erster Linie eine Heil- und Färberpflanze und nur ein klein wenig Gewürzkraut. Wenn ich daran denke, dass sie früher zum Schutz vor allem Bösen verbrannt, aufgehängt oder sogar in Brautschuhe gelegt wurde, hat sie wahrscheinlich auch die Bezeichnung „Zauberpflanze" verdient.
Der wilde Dost ist in der freien Natur auf eher trockenen Wiesen und Wegesrändern zu finden. Seine rispenähnlichen Blütenstände sind rosa bis lilafarbig und Kinder lieben es, mit seinen Blüten Wolle und andere Dinge herrlich rot zu färben.

„Dreikönigs“-Räuchermischung

ZUTATEN

1 EL getrocknete Blüten und Blätter vom Dost
1 EL getrockneter Thymian
1 EL getrocknetes Kraut und Blüten vom Lavendel
1 EL getrocknete Rosenblüten und -knospen
1 TL Fichten-, Tannen- oder Kiefernharz
1 Stück Räucherkohle
1 feuerfestes Gefäß

ZUBEREITUNG

1 Für die Räuchermischung vermenge ich zwei Teile getrockneten Dost mit je einem Teil getrockneten Thymian, getrockneten Lavendel- und Rosenblüten und ein paar im Mörser zerstoßenen, kleinen Fichten- oder Tannenharzstückchen.

2 Ich nehme mir Zeit und gehe in mich, wenn ich die Kohle anzünde und beobachte, wie sie in der Räucherschale langsam zu glühen beginnt. Ich streue eine kleine Menge der getrockneten Kräuter darauf und gehe, mit der Schale in der Hand, durch das ganze Haus, den Garten, streife auch meine Haustiere und öffne sogar den Kühlschrank. Ich habe mich vorbereitet auf die Wünsche, Bitten und Dankesworte, die sich mit dem Kräuterrauch in den Räumen ausbreiten und letztlich durch das Fenster hinaus und in den Himmel aufsteigen.

Duftende Rauchzeichen

Das Räuchern in den Raunächten ist für mich etwas ganz Besonderes, aber nicht an sie gebunden. Das Reinigungsritual wird von mir bei vielen Gelegenheiten angewendet. In Zeiten, in denen sich die Schnupfenzwerge überall breitmachen, räuchere ich Viren und Bakterien aus. Hin und wieder befördere ich mit dem Kräuterrauch die üble Atmosphäre nach einer Auseinandersetzung aus dem Haus, und manchmal wollen auch Lebensabschnitte mit einem Räucherritual verabschiedet und neue damit begrüßt werden. Ich brauche jedes Jahr eine große Menge Räuchermischung, denn ich habe immer Vieles zu wünschen, zu bitten und zu danken.

Die Birne

Der kleine Sohn meiner Freundin stellte einmal eine Schale Müsli neben das Jesuskind in die Krippe, damit es „groß und glücklich wird", wie er meinte.
Meine „Gräfin von Paris"-Müslimischung macht mich auch glücklich, und das ist für jemand, der an dunklen Tagen mit Mangel an Serotonin und mit dem Winterblues zu kämpfen hat, fast überlebenswichtig. Wichtigste Zutat und bester Glückshormonproduzent ist dabei die Birne. Die süße Asiatin ist bei uns schon lange heimisch und ein treuer Kulturbegleiter. Für mich zählen die Williams Christ, bekannt durch den Edelbrand, die Alexander Lukas mit ihrer schönen braunen Schale, die Gute Luise, die sich hervorragend zum Kochen eignet, und die Butterbirne, die mich fasziniert, weil sie beim Kochen schneeweiß bleibt, zu den bekanntesten und beliebtesten der rund 5 000 verschiedenen Sorten.
Birnen werden auch besonders von säureempfindlichen Menschen geschätzt, denn sie sind leicht verdaulich. Ich esse sie immer mit Schale, denn darunter sitzen die meisten Mineralstoffe. Birnen wirken durch ihren hohen Gehalt an Eisen Blutarmut entgegen und sie gelten als Geheimtipp zur Senkung des Cholesterinwertes. Ich mache mir den hohen Kaliumgehalt zunutze, denn dadurch wird mein Körper angenehm entschlackt und entwässert.
Kennen Sie die alte Volksweisheit, man soll Birnen nicht mit Äpfeln vermischen? Ein von mir gerne zitierter Satz, wenn ich nicht die Meinung anderer teile. Tatsächlich kommt dieser Ausspruch daher, dass Birnen sehr schnell Fremdgerüche annehmen und daher besser allein liegen oder lagern.
Ich bevorzuge die späteren Herbstsorten. Meiner Meinung nach haben sie das intensivere Aroma und eignen sich, wenn sie noch nicht ganz reif sind, bestens für die Zubereitung von Kompott oder Gelee. Zum Dörren nehme ich aber nur reife und unbeschädigte Birnen.
Ich liebe das Dörren von Früchten im Allgemeinen. Der warme, süße Duft, der beim Dörrvorgang durch das Haus schwebt, und das leise Schnurren des Dörrapparats legt sich wie ein Trostpflaster auf meine sommerhungrige Seele.

Müsli-Mischung „Gräfin von Paris“

ZUTATEN

2 Becher klein geschnittene Kletzn
1 Becher Dinkel- oder Haferflocken
1 Becher Weizenkleie
1 Becher Kokosraspeln
½ Becher Leinsamenschrot
1 Handvoll Rosinen
1 Handvoll Walnüsse

ZUBEREITUNG

1 Zuerst schneide ich die mit einem trockenen Tuch abgeriebenen „Gräfinnen von Paris“ in Spalten und entferne dabei das Kerngehäuse und die Enden. Damit die Birnenspalten nicht braun werden, tauche ich sie kurz in Zitronenwasser, breite sie dann auf Papier oder sauberen Geschirrtüchern aus und tupfe sie trocken.

2 Dann lege ich die Spalten wie Dachziegel auf die Etagen meines Dörrapparates, der dann die Birnen innerhalb von ungefähr 8 Stunden zu Kletze werden lässt. Obst kann auch in einem Backrohr, das einen kleinen Spalt geöffnet bleibt, bei circa 50 Grad Celsius gedörrt werden. Fertig sind meine Birnenspalten, wenn sie sich ledrig anfühlen.

Mein Tipp

Bereiten Sie mit gedörrten Birnen und Walnüssen kleine „süße Wiffzacksäcken“ für die Schuljause vor. Schon zwei Esslöffel Birnen-Nuss-Mischung unterstützen die Kinder in ihrem geistig anstrengenden Schulalltag.

Der Safran

Ein königliches Gewürz, das teuerste der Welt. Mein Safran wird nur 15 Kilometer von meinem Heimatort im Burgenland entfernt in pannonischer Erde angebaut.
Wenn ich ein Heiliger Drei-König wäre, würden die wertvollen, heilsamen Stempelfäden des betörend duftenden, lila blühenden Krokus mein Geschenk für das Jesuskind vervollkommnen – nur ein paar Gramm, denn für ein Kilogramm Safran würde man immerhin die Stempelfäden von bis zu 200 000 Blüten benötigen, die ausschließlich von Hand geerntet werden können und nach dem Trocknen noch einmal $^4/_5$ ihres Gewichtes verlieren.
Wenn ich darüber nachdenke, dass dieses aphrodisierende, oft sagenumwobene Gewürz seit der Antike bekannt und geschätzt wird, heute zum Großteil aus dem Iran und wenn aus Europa, dann (fast) nur aus dem Mittelmeerraum kommt, bin ich so richtig stolz, dass man seit dem Jahr 2006 auch im Burgenland nach 100 Jahren wieder mit dem echten „Gewürzgold" aufwarten kann. Dort wo Wein und Weizen gedeihen fühlt sich auch der Safran wohl! Weil ich das Glück habe, meinen Safran sozusagen „ab Hof" beziehen zu können, bin ich davor gefeit, die Katze im Sack zu kaufen. Nur wirklich echter Safran in ganzen Fäden garantiert mir das typische Aroma, die herrliche Farbe und die höchste Konzentration an Heilkraft. Geröstet oder nicht geröstet ist auch bei Safran die Frage. Und obwohl das Rösten der Stempelfäden in Österreich Tradition hat, plädiert Safrankönig Hannes Pintarits für „nicht rösten". Und er lehrt mich, dass frischer Safran ein wenig nach Zitrusfrüchten duftet und er trotzdem das Aroma des getrockneten, gelagerten Safrans vorzieht.
Und dann kommt es noch auf die richtige Verwendung an! Die trockenen Safranfäden werden zuerst in einem kleinen Mörser, der für nichts anderes verwendet werden soll, zerstoßen, mit kaltem Wasser, Milch oder auch Wein angerührt und erst zum Schluss dem Gericht beigefügt. So erhält man das volle Aroma, ohne viele der kostbaren Fäden verarbeiten zu müssen. Bei dieser Behandlung kommt langsam, aber sicher sein ganzer einzigartiger, bitter-scharfer Geschmack, der unvergleichliche, aromatischer Duft und seine intensive, sonnengelbe Farbe auch schon in ganz kleinen Mengen zur Geltung. Für mich ist es kaum vorstellbar, dass große Mengen – 10 bis 20 Gramm – tödlich sein können; allerdings bewahrt wahrscheinlich allein schon der Preis vor solchen Fehlern.
Wenn ich mir die Liste der vielen möglichen Anwendungen von Safran als Heilmittel anschaue, würde ich ihm einen Namen geben, der übersetzt „heil sein" meint. Fast alle Bereiche des Körpers können mit Safran gestärkt werden. In lauwarmem Wasser aufgelöst, lindert er Magenverstimmungen genauso wie Krämpfe. Gleichzeitig stärkt er das zentrale Nervensystem und das Immunsystem. Dass die Wirkstoffe Crocin und Safranal antidepressive Eigenschaften haben sollen, kann ich bestätigen.
Ich schätze seine wunderbare Eigenschaft, Anspannungen zu lösen. In meinen Gerichten sorgt er definitiv allein schon dadurch, dass er den Genuss erhöht, für Lust und Heiterkeit.

„Dreikönigs"-Safranreis

ZUTATEN

½ kg klebriger Reis
¾ l Milch
1 TL Butter
1 TL Honig
1 Vanilleschote
5 Safranfäden
4 EL getrocknete Mangowürfel
4 EL getrocknete Apfelstückchen
2 EL Rosinen
1 EL Cranberries
1 EL gehackte Nüsse

Mein Tipp

Safran entfaltet den besten Geschmack, wenn er vorher bei 40 Grad Celsius, zum Beispiel im Backrohr, angewärmt wird!

ZUBEREITUNG

1 Aus Reis, Milch, etwas Butter, Honig und dem Mark einer Vanilleschote bereite ich einen Milchreis zu. Die Safranfäden vermahle ich im Mörser und lege den Safran in 1/6 ((als Bruch!)) Liter kaltes Wasser und stelle ihn zunächst zur Seite. Passend zur Jahreszeit hebe ich getrocknete Mango- und Apfelstückchen, Rosinen, Cranberries und Nüsse unter den noch warmen Milchreis.

2 Erst ganz zum Schluss rühre ich den Safran und das Safranwasser ein. Wer dem Dessert noch etwas Zeit zum Durchziehen gönnt und es dann etwas erwärmt serviert, muss nicht lange auf entzückte Mienen warten. Der Gast ist König! Voilà, ein königliches Dessert mit einem königlichen Gewürz!

Februar

Da sind sie wieder: mein langer grüner Rock, meine schwarz-lila Bluse, meine schwarze Häkelweste und meine Schnürstiefel. Diese Kleidungsstücke haben viele Gemeinsamkeiten: Sie haben aufgenähte Flicken und werden seit Jahrzehnten stolz getragen. Zumindest einmal im Jahr verwandeln sie mich in die kräuterkundige, immer zu Streichen aufgelegte Hexenfigur „Winnie Wurzel". Sie wurde vor mittlerweile mehr als 25 Jahren als Hauptfigur in meinem ersten Theaterstück für Kinder geboren. Kurze Zeit später war ich als „Hexe Winnie Wurzel" für einige Jahre in den Sommermonaten eine der Hauptattraktionen eines Kinderfestivals. Seither lebt Winnie Wurzel in Kindermärchen weiter und wird zumindest einmal im Jahr, in der Faschingszeit, wieder zum Leben erweckt. Das Oberteil nähte mir meine Oma schon in meiner Jugend. Es wechselte seit damals nur hin und wieder seine angesteckten Plastikspinnen. Ich dagegen änderte meinen Berufswunsch seit meiner Kindheit nicht und bin heute stolz darauf, dass er in Erfüllung gegangen ist.

Seit vielen Jahren organisiere und leite ich Kräuterwerkstätten für Kinder und Erwachsene, begleite Kräuterführungen und avancierte zur TV-Kräuterhexe.

In der Faschingszeit gibt es außerdem immer noch giftgrüne „Liebestränke" und zauberhaft gefüllte „Dinkel-Schmauswaberl" nach Hexenmanier.

Die Walnuss

Beide Großeltern hatten einen Nussbaum in ihrem Garten. In der kalten Jahreszeit saß ich als Kind oft bei „Oma Resch" und schaute ihr beim „Nuss auslösen" zu. Eine Arbeit die ich schon damals als aufwendig einschätzte. Für das Mahlen der Nüsse konnte ich mich viel mehr begeistern. Dazu schraubte meine Großmutter ihre Nussreibe an die Tischplatte, und los ging's. Ich drehte an der Kurbel, bis mir der Arm wehtat. Der Haufen frisch gemahlener Nüsse landete wenige Stunden später nicht selten in Form von Nussstrudel in meinem Magen.

Drei Nüsse und ein Liebesorakel

Meistens aber bat ich Oma an den sogenannten „Nusstagen": „Bitte, erzähle mir ein Märchen." Omas Lieblingsmärchen war Ludwig Bechsteins „Drei Nüsse". Mein Lieblingsmärchen war „Aschenputtel". Nüssen wird in Märchen eine nicht unwichtige Rolle zugedacht und meist sind Hexen auch nicht weit.

In verschiedenen Religionen wurde früher sogar vor den Walnüssen gewarnt, weil man glaubte, dass auf jedem Nussblatt ein Teufel wohne, der mit den Hexen unter den Bäumen Liebesorgien feiern würde. Auch die Kelten und die Germanen brachten die Nüsse mit der Liebe, allerdings im positiven Sinn, und mit der Fruchtbarkeit in Verbindung. Alten Erzählungen zufolge, wurde die Walnuss gerne für Liebesorakel verwendet. Liebespaare beispielsweise legten zwei Walnüsse ins Feuer. Blieben die Nüsse in der großen Hitze beieinander, schloss man auf eine gute Ehe. Flogen sie aber krachend auseinander, so wurde das als eine mögliche turbulente Ehe interpretiert.

Hin und wieder gilt es eben, eine harte Nuss zu knacken. Im Fall der Walnuss ist sie allerdings definitiv gesund und obendrein vielfältig zu verwenden. Der Nussbaum, möglichst nah am Haus gepflanzt, vertreibt unliebsame Insekten; die grünen, aromatisch duftenden Blätter, in ein Säckchen gefüllt, haben mir in ähnlicher Funktion auch schon in Kästen oder im Hundebett gute Dienste erwiesen.

Mein Nussjahr beginnt schon im Juni mit den grünen Nüssen, mit denen ich meinen Likör „Schwarzer Kater" ansetze und sie als „Schwarze Nüsse Antipasti" einlege.

Die reifen Walnüsse haben bei mir in der kalten Jahreszeit Hochkonjunktur. Nach der Ernte warten sie in luftigen Netzen am Dachboden auf die Weiterverarbeitung.

Ohne Omas Unterstützung ist das für einen Ungeduldspinsel wie mich harte Arbeit, die sich jedoch lohnt.

Eine Handvoll Nüsse ist ein echtes Gesundheitspaket und deckt den Tagesbedarf an Omega-3-Fettsäuren. Das wertvolle Vitamin B kräftigt Haut und Haare, stärkt Nerven und Psyche, und meine Glückshormone tanzen fröhlich Walzer. Dass Nüsse Gehirn und Konzentration guttun, verrät schon die besondere Form der Frucht.

Februar
Uschi gräbt um

Walnuss-Peeling „Wunderschön“

Ich nehme Nüsse sogar in die Sauna mit. Klein gehackt in einem Körperpeeling sind sie auch nach dem Ablaufdatum ein wertvolles Kosmetikprodukt.
Das Peeling wird auf die gereinigte Haut aufgetragen und mit kreisenden Bewegungen einmassiert. Das Gesicht wird dabei ganz besonders sanft behandelt und die Stirn ausgelassen, damit nichts in die Augen kommen kann. Die Nussstückchen entfernen die abgestorbenen Hautteilchen, während Öl, Joghurt und Honig die Haut nähren und pflegen.
Ein pfirsichweiches, pralles Hautbild ist das wohltuende Ergebnis.

ZUTATEN

1 Handvoll Nüsse, klein gehackt
¼ Becher Joghurt
$^1/_{16}$ l Walnussöl
1 EL Honig

ZUBEREITUNG

Ich hacke eine Handvoll ausgelöste Walnüsse klein und vermische sie mit Nussöl, Joghurt und Honig. Fertig!

Mein Tipp

**Ausgelöste Nüsse sollten aufgrund ihres hohen Fettanteils unzerkleinert, trocken, dunkel, gut verpackt und kühl (bis maximal 18 Grad Celsius) gelagert werden.
Sie eignen sich aber auch gut zum Einfrieren!**

Der Senf

Früher war für uns Kinder eine Tube Senf ein wichtiger Alltagsgegenstand. Senf wurde als Geheimtinte für Schatzkarten verwendet. Senf diente zusammen mit Marmelade als Kriegsbemalung und er wurde gemeinsam mit anderen Zutaten zu sämtlichen „Arzneimitteln" meiner Hexenapotheke verrührt. Dass ich mit letzterer Verwendung gar nicht so falsch lag, fand ich erst viele Jahre später heraus.

Als Würzmittel darf die historische Nutz- und Kulturpflanze in der Speisekammer meiner Familie nie fehlen und Gegrilltes ohne Senf in vielen verschiedenen, selbst gemachten Variationen ist unvorstellbar. Schmunzelnd stelle ich fest, dass Senf auch als Heilmittel langsam wieder entdeckt wird. Wie sehr Senf die Haut erwärmen und auch zum Erröten bringen kann, weiß ich bereits seit den Schminkaktionen aus meiner Kindheit.

Solange draußen Winter herrscht, bringen die Sprossen der Senfkörner attraktives Grün ins Haus. Die vitaminreichen Keimlinge lassen sich einfach in einer flachen Schale ziehen und bereichern Brote, Salate und Aufstriche.

Seine fein gehackten Blätter gebe ich in Salate, die Blütenknospen, kurz blanchiert oder in Butter, mag ich als interessante Gemüsebeilage und die Senfkörner vermahle ich zu Senfmehl für zum Beispiel Würzpasten.

Es sind die Senföle, die die Pflanze so besonders machen. Sie selber schützt sich damit vor Pilzbefall und anderen Krankheiten. Bei mir regen sie die Verdauung und den Stoffwechsel an, fördern die Durchblutung und lindern leichte depressive Verstimmungen.

„Seelentreichler"-Tinktur

ZUTATEN

5 EL Senfsaat
2 Stängel Zitronenmelisse
3 Zweige Lavendel
1 cm frische Ingwerwurzel
250 ml Weingeist
250 ml Wodka

ZUBEREITUNG

1 Auch mein „Seelenstreichler-Tropferl" ist den Erwachsenen vorbehalten, denn diese Tinktur enthält neben heilkräftigen Senfkörnern und Kräutern auch noch Hochprozentiges. Vor dem Ansetzen kommen die Senfkörner über Nacht in kaltes Wasser.

2 Dann seihe ich sie durch ein feines Sieb ab, und breite sie zum Trocknen auf einem Blech mit Backpapier aus und schiebe sie für eine Stunde in den etwas geöffneten, warmen Backofen.

3 Mit Zitronenmelisse, Lavendel und etwas Ingwer kommen die Senfkörner dann in ein ½ l-Schraubglas, und alles wird mit einer Mischung aus Weingeist und Wodka übergossen. Nach drei Wochen auf der hellen Fensterbank wird die Tinktur abgeseiht und in dunkle Flaschen gefüllt. Bei meiner „Seelenstreichler-Kur" nehme ich in stressigen Zeiten über mehrere Wochen täglich zwei- bis dreimal 20 Tropfen der Tinktur in einem Glas Wasser ein.

Wärmende Badesäckchen

Um die Wirkstoffe des Senfs nicht zu zerstören, soll das Wasser nicht zu heiß sein. Ich hänge das Säckchen mit Senfmehl unter den Wasserstrahl, drücke es danach gut aus, verweile meistens 15 Minuten im Wasser, bevor ich danach im Bademantel nachruhe. Bei allen Anwendungen mit Senf ist es wichtig, zuerst die Verträglichkeit zu testen, gegebenenfalls das Senfmehl mit Roggenmehl zu strecken und nie im Gesicht und an anderen empfindlichen Körperstellen anzuwenden. Aufgrund der höheren Durchblutung darf sich die Haut röten, soll aber nicht brennen. Kinder sollten überhaupt keine Senfbäder nehmen.

Der Schnittlauch

Schnittlauch steht in Zeiten, in denen grüne Halme nur in meinen Büchern und Träumen sprießen, als Topfpflanze auf meinem Küchentisch und versprüht so viel Optimismus und Energie, wie er nur kann. Nur wenn ich seine Stängel zu tief unten abschneide, ist er beleidigt. Jedes Jahr nutze ich dankbar seine Würz- und Heilkraft und erfreue mich an seinem frischen Grün vor dem zugeschneiten Fensterbrett. Wenn es draußen Frühling wird, zieht er in den Garten um, wo ihm ab Mai zusätzlich ein paar härtere Stängel wachsen, auf denen sich kurz darauf die hübschen violetten Blüten zeigen. Diese machen den Schnittlauch für die einen zur Zierpflanze, mit der sogar Dächer begrünt werden, und die anderen, zu denen auch ich gehöre, verwenden die Blüten zur Herstellung von Schnittlauch-Blüten-Essig.

Der „kleine Bruder" der Zwiebel beinhaltet ähnlich wertvolle Senföle, und diese bekämpfen sogar tapfer Schnupfen und Erkältung. Sein dickstes Plus ist sein hoher Anteil an Vitamin C und Eisen, das noch dazu vom Körper leicht aufgenommen werden kann.

Frisch und roh schmeckt er am besten. Nur so bleiben auch alle seine Wirkstoffe erhalten. In einem feuchten Tuch hält sich Schnittlauch auch ein paar Tage im Kühlschrank frisch.

Die kleinen Schnittlauchröllchen peppen viele Gerichte auf. Ich streue sie über Salate, Nudeln, Suppen und meine Eierspeise. Nicht selten vertreibt schon ein einfaches Schnittlauchbrot meine Müdigkeit. Und die alten Überlieferungen, in denen der Schnittlauch als „Stimmband-Doktor" bezeichnet wird, haben Wahrheitsgehalt: Meine Stimmbänder bringt er immer wieder zum Jubeln.

Schnittlauch-Kaviar-Dip

ZUTATEN

½ Bund Schnittlauch, k[illegible]n gehackt
2 EL Sauerrahm
2 EL Frischkäse
1 Gläschen Forellenkaviar
eine Messerspitze weißen Pfeffer
einen Spritzer Zitronensaft

ZUBEREITUNG

1 Für diesen Dip muss mein Topf-Schnittlauch ordentlich Haare lassen. Ich benötige Schnittlauch-Röllchen, die ich mit Sauerrahm, Frischkäse und rotem Forellenkaviar vorsichtig verrühre.

2 Danach wird nur mehr mit etwas weißem Pfeffer und einem Spritzer Zitronensaft abgeschmeckt.

Gut, dass der Schnittlauch die Kälte mehr liebt als ich. Er möchte sogar ordentlich durchfrieren, damit er im nächsten Frühling wieder kräftig austreiben kann. Bis dahin ziert dann wieder sein Nachfolger im Topf meinen Küchentisch.
Draußen ist es kalt und drinnen schare ich mich mit Freunden um heiße Ofenkartoffeln und frische Brötchen mit Schnittlauch-Kaviar-Dip.

Mein Tipp

Ich stecke abgeschnittenen Schnittlauch nie in ein Glas Wasser, denn das macht ihn weich und er verliert an Geschmack.

Ich liebe
junge Wilde!
März

„Lass dich nicht unterkriegen. Sei frech und wild und wunderbar." Ich gehe täglich mehrmals am Zitat von Astrid Lindgren vorbei und Pippi Langstrumpf zwinkert mir dabei immer wieder verschwörerisch zu. Wilde Frauen imponieren mir schon immer. *Der wilde Blick*, ein Buch von Luisa Francia, liegt wieder einmal ganz oben auf meinem Bücherstoß. Aber jetzt heftet sich mein Blick auf die zitternden Blätter. Der Wind heult bedrohlich. Überraschend zwängen sich einzelne Sonnenstrahlen durch die Wolken. Das nenne ich frech! Ich bewaffne mich mit einem dicken Vliespulli und einer Windjacke, hole meinen Korb, der den Winter wartend in der Werkstatt verbracht hat, und mache mich auf den Weg. Irgendetwas wird schon zu finden sein. Tatsächlich! Luisa hat wieder einmal recht: „Wir sehen, was wir erwarten!" Die ersten zarten Blättchen haben sich durch die Schneereste durchgekämpft.

Der Bärlauch

Als ich das kleine Wäldchen betrete, ist meine Nase schon etwas rot gefroren, aber sie erkennt den schwachen Knoblauchduft. Jetzt heißt es: Immer der Nase nach. Da sind sie, die ersten Bärlauchblätter; starr vor Kälte und gleichzeitig strotzend vor Vitaminen. Anscheinend habe ich den Bären den Rang abgelaufen. Man sagt ja, dass sich Bären nach ihrer Winterruhe mit Bärlauch stärken. Möglicherweise eine Erklärung für die Namensgebung der heimischen Pflanze.

Der wilde Verwandte von Zwiebel und Knoblauch war jedenfalls schon zur Zeit der Heiden sehr beliebt, die wiederum den Bären als starkes und Fruchtbarkeit bringendes Tier verehrt haben sollen. Die alte Nutzpflanze wird seit gut 5000 Jahren als Würzkraut verwendet, und so ist es nicht verwunderlich, dass es auch entsprechend viele Rezepte für Küche und Hausapotheke gibt. Wenn ich auch gerne ein Rezept gegen den hartnäckigen Nachgeschmack von Knoblauch hätte, so überzeugen mich seine Qualitäten so eindeutig, dass er nicht nur ein eigenes Plätzchen im Garten bekommen hat, sondern jedes Jahr einige Wochen lang Gast in meiner Küche ist und in weiterer Folge auch in Speisekammer und Apothekerschränkchen einzieht.

Für viele ist der Bärlauch der Allrounder, was unsere typischen Zivilisationskrankheiten, wie zum Beispiel Bluthochdruck, Cholesterin und Arteriosklerose, angeht. Für mich fungiert er in erster Linie als „Muntermacher" und „Ausmister". Obwohl ich schon lange den Weihnachtskeksen und Festtagsbraten abschwöre, habe ich trotzdem immer das Gefühl, dass sich der Winter nicht nur in meinem Gemüt, sondern auch noch rund um Bauch und Hüften breitmacht. Der Bärlauch unterstützt bestens meine Frühjahrsaktion „Alles muss raus!". Darmflora, Stoffwechsel und Verdauung kommen wieder richtig in Schwung und meinem Immunsystem gibt er mit Bärenkräften Rückendeckung gegen Erkältungskrankheiten.

Für diese Zwecke nehme ich Bärlauch auch in Form einer Tinktur ein. Bekannte machen jedes Jahr eine richtige Bärlauchkur. Das bedeutet, dass sie einen Monat lang jeden Tag mindestens eine Handvoll davon essen. Das ist durchaus abwechslungsreich.

Roh gibt er Salaten und Aufstrichen seine unverkennbare Note, auf meinem Speiseplan trifft man ihn in Suppen, Knödeln, Terrinen und Strudeln, als Gemüsebeilage, Risotto oder als Bett für Lamm und Kruste für Fisch. In meiner Vorratskammer findet er sich im Kräuteressig, im Bärlauchsenf und in einer großen Auswahl an Pesti.

Bärlauchöl

Das Bärlauchöl hat außerdem noch seinen fixen Platz in der Hausapotheke.
Für die Herstellung dieses Würz- und Heilöls fülle ich ein Einmachglas bis zur Hälfte mit frischen, trockenen, grob gehackten Blättern und übergieße sie mit kalt gepresstem Olivenöl. Nach drei Wochen Ruhezeit an einem eher dunklen Ort kann es bereits abgeseiht, in dunkle Flaschen gefüllt und entweder zum Marinieren oder zur Einreibung bei Verspannung und Behandlung von kleineren, eitrigen Wunden verwendet werden. Mir hat das Bärlauchöl in jeder Hinsicht bis jetzt immer gutgetan.

Mein Tipp

Es ist bekannt, dass sich dort, wo Bärlauch wächst, auch Maiglöckchen und Herbstzeitlose mit ihren zum Verwechseln ähnlichen, giftigen Blättern wohlfühlen. Ich zerreibe im Zweifelsfall die Blätter zwischen den Fingern, denn nur der Bärlauch hat den unverwechselbaren Knoblauchduft.

Wildes Bärlauchblüten-Pesto

ZUTATEN

2 Handevoll frisch gepflückte Bärlauchblütenköpfe (ungewaschen!)
2 EL Salz
ca. ⅛ l Sonnenblumen- oder Rapsöl
einige Chiliflocken

ZUBEREITUNG

Ich sammle nur zarte, junge Bärlauchblätter, denn nur diese bieten besten Geschmack und Heilkraft. Später stürze ich mich auf die weißen, sternförmigen Blüten, die ich für für ein Pesto benötige.

1 Für ein Glas pflücke ich an einem trockenen Tag Bärlauchblütenköpfe.
So wie auch bei der Konservierung der Blätter, wasche ich die Blüten nicht, denn die Feuchtigkeit regt Schimmelbildung an!

2 Weil bei diesem Pesto auch die Augen mitessen, werden die Blütenköpfe unzerkleinert mit Salz, Chiliflocken und etwas Pflanzenöl zuerst in einer Schüssel vorsichtig vermischt und dann in ein Glas gefüllt. Nach sechs Wochen darf man die erste Kostprobe nehmen.

Die Vogelmiere

Im beginnenden Frühling gehört meine ganze Liebe und Aufmerksamkeit den jungen Wilden in der Wiese und am Wegesrand. Als ob sie ihre Chance nutzen wollten, nicht immer nur als Unkraut in Augenschein genommen zu werden, werfen sich Vogelmiere & Co. oft schon ab März gerne „rechtzeitig" in Pose. Das Wort „Unkraut" kommt einem, wenn überhaupt, nur hinter vorgehaltener Hand über die Lippen. Die jungen Wilden nutzen den Laufsteg entlang der Wiesenwege und glänzen als Vitaminbombe, Mineralstoff-kick, Heilzauber, Geschmacksexplosion oder Schlankheitswunder; manchmal auch als alles gemeinsam.

Mir bringt die Vogelmiere eine Menge Vitamin C auf den Tisch. Und sie schmeckt herrlich knackig und nach jungem Mais. Mit ihren wertvollen Saponinen wirkt sie noch dazu schleimlösend und somit als Husten linderndes Hausmittel. Selbst ein Bluterguss oder eine Prellung kann mit einem lauwarmen Brei aus sanft gekochter, entzündungshemmender Vogelmiere beschwichtigt werden.

Für mich ist die kleine Wilde der Star in meiner Frühlingsküche. Bei der Zubereitung, zum Beispiel als Suppe oder Pesto, muss ich darauf achten, dass ich nicht die ganze Ernte gleich roh wegputze, dabei lässt sich die Vogelmiere nämlich auch gut einfrieren. Tiefgefrorene Portionen eignen sich besonders zur Herstellung meines „Wildfang-Smoothies". Meine Schwester hat mich vor einiger Zeit mit dem „Green Smoothie"-Virus angesteckt und meine Begeisterung hält nach wie vor an. Weil das Getränk aus rohen Zutaten besteht, ist der Vitamin- und Mineralstoffgehalt unschlagbar hoch. Mit einem Glas nehme ich mehr davon auf, als ich das mit mehreren anderen Speisen pro Tag tun könnte. Noch dazu sorgt das Getränk für eine optimale Entgiftung und Entschlackung des Körpers.

Die Vogelmiere und so manche anderen jungen Wilden eignen sich bestens dafür. Ein grüner Smoothie besteht zu 50 Prozent aus Blattgrün und zu 50 Prozent aus Obst.

Unreife Früchte und Milchprodukte werden nicht verwendet, denn sie würden die Verdauung hemmen.

Ganz schön wild

Die winzigen, sternförmigen weißen Blüten der Vogelmiere sind wunderschön. Ich bin immer wieder aufs Neue entzückt, wenn sie kahle, braune Stellen in meinem Garten in kurzer Zeit in grüne Polster verwandelt; nach dem Winter bin ich für jedes frische Blättchen dankbar. Und mein Garten auch, denn sie schützt und lockert als lebendige Mulchschicht den nackten Boden vor dem Austrocknen. Dort, wo sie sich ansiedelt und wohlfühlt, kann man davon ausgehen, dass es nährstoffreiche, humushaltige Erde gibt.

„Wildfang"-Smoothie

ZUTATEN

2 Handvoll frische, gewaschene
und verlesene Vogelmiere
1 große Banane
¼ Avocado
4–6 Salatblätter oder Reste von einem Salatkopf
eine Handvoll Karottengrün und Blätter von
Roten Rüben, Kohlrabi und was sonst noch da ist
nach Möglichkeit je ein paar Esslöffel von frischer, gewaschener und verlesener Gundelrebe, frischem Giersch und frischen Gänseblümchen
1 EL Zitronensaft
circa ¼ l Wasser
eine Messerspitze gemahlene Gelbwurz

ZUBEREITUNG

1 Für den Smoothie gebe ich frische (oder tiefgekühlte), gewaschene und verlesene Vogelmiere, eine Banane, ein Stück Avocado, Salatblätter und das Blattgrün von diversen Gemüsesorten in meinen Mixer.

2 Was ein echter „Wildfang-Smoothie" ist, beinhaltet natürlich so viel wie möglich an Wildkräutern wie zum Beispiel Gundelrebe, Giersch und Gänseblümchen. Jetzt fehlt nur noch ein Spritzer Zitronensaft, eine Messerspitze gemahlene Gelbwurz und etwas Wasser. Bei jedem Mixvorgang beobachte ich gespannt, in welchem Grünton sich der fertige Smoothie präsentiert.

Und dann der erste Schluck! Ah! Sofort macht sich ein kleines Hochgefühl breit. Mein Körper bereitet den ankommenden Vitaminen und Mineralstoffen einen wahren Festempfang. Frische, wilde Frühlingsgefühle werden frei!

Die Gundelrebe

Ich mag die Vorstellung vom Mondkalender, der, vor dem Sonnenkalender, in 13 Mondmonate eingeteilt war. In den 5. Mondmonat fällt die Zeit des Frühlingsbeginns. Die in der Tiefe gesammelte Kraft bricht nach außen. Erste Fruchtbarkeits- und Reinigungsrituale begleiteten früher diese Zeit.
Für mich bedeutet der Frühlingsbeginn ebenfalls Reinigung und Kräftesammeln. Für mich bedeutet der Frühlingsbeginn ebenfalls Reinigung und im Anschluss daran Kräfte sammeln.
Die Gundelrebe darf dabei nie fehlen. Mit großem Durchsetzungsvermögen erobert auch sie den noch kalten Boden.
Wenn ich ein Blatt der kleinen Wilden zwischen den Fingern reibe, fühlt es sich ein wenig schmierig an. Das kommt vom Öl, in dem sich auch seine Haut heilenden Eigenschaften befinden. Die Gundelrebe zählt zu den „Gundkräutern", also zu den Eiter- und Giftkräutern, und fördert, äußerlich angewendet, in Form von Auflagen und Umschlägen das Heilen von eitrigen Wunden. Früher gehörte die Heilpflanze in jedes Haus, in dem Büchsenmacher oder Maler lebten, denn mit ihrer Hilfe wurde die Bleiausschwemmung unterstützt.
Ich empfehle diese entgiftende Teekur vor allem jenen Menschen, die schwere Medikamente oder diese über einen längeren Zeitraum einnehmen müssen.
Die hübsche Wilde duftet und schmeckt für mich nach „frechem Frühlingsgeist", pfeffrig, aromatisch, erfrischend.

Wildes Gundelreben-Kräutersalz

1 Teil getrocknete Gundelrebe
1 Teil grobes Meersalz

Für mein Gundelreben-Kräutersalz trockne ich das Beikraut und vermahle es - solo oder gemeinsam mit anderen würzigen Wilden - mit grobem Meersalz.

Die Knoblauchsrauke

Wenn unsere Hündin nach einem Frühlingsspaziergang zart nach Knoblauch riecht, könnte es sein, dass sie sich in einem Büschel Knoblauchsrauke gewälzt hat. Pauline mag das total gern. Ich hab mich schon gefragt, ob das vielleicht auch damit zu tun haben kann, dass das Knoblauchbukett lästige Fellbewohner in die Flucht schlägt. Vielleicht bedeutet es aber schlicht und einfach nur, dass sie sich über die vermehrten und ausgiebigeren Spaziergänge freut. Pauline mag zwar den Winter genauso gern wie die anderen Jahreszeiten, aber letztlich weiß sie genau, dass das Frauchen viel eher gewillt ist, längere Ausflüge zu machen, wenn es auch etwas zum Sammeln gibt. Wenn es ab März wieder losgeht, wird auch unsere alte Hündin zu einer jungen Wilden.
Die Knoblauchsrauke finde ich meistens entlang von Waldrändern. Sie sieht ein klein wenig der Brennnessel ähnlich, trotzdem kann man sie kaum verwechseln. Ihre Blätter sind heller und zarter, und wenn man sie zerreibt, steigt feiner Knoblauchduft auf. Anfang April bekommt sie außerdem kleine weiße Blüten. Auch daran ist sie gut erkennbar.

In meiner Heimat löst die Knoblauchsrauke den Bärlauch ab. Wenn die meisten Bärlauchblätter schon ausgewachsen sind, ernte ich die Knoblauchsrauke. Ab Ende März kümmert sie sich dann um Abwechslung bei meinen Frühlingsgerichten. Mit ihren leicht antibiotischen Wirkstoffen mischt sie auch ordentlich mit, wenn es um die Bekämpfung von Schnupfen und anderen lästigen Jahreswechselbegleitern geht. Weiters darf sie sich durchaus zu den „Vitaminbomben“ und „Entschlackungswundern“ zählen.
Was den Geschmack betrifft, hat sie weit mehr zu bieten als nur den nach Knoblauch. Ich würde ihr Aroma als eine Mischung aus Schnittknoblauch, Bärlauch und Radieschen beschreiben. Meiner Erkenntnis, dass ausschließlich rohe Knoblauchblätter gut schmecken, gehen ein paar enttäuschende Kochversuche voraus. Jetzt weiß ich, dass sich die heimische Wildpflanze frisch geerntet am besten zum Belegen von Broten, in Salaten oder Aufstrichen macht. Konservieren lässt sie sich gut im tiefgekühlten Zustand oder in Form von Würzpasten und aromatisiertem Essig und Öl.

„Wilde Kräuterlinge“

ZUTATEN

2 Handvoll frische, grob gehackte Blätter der Knoblauchsrauke
1 Becher Frischkäse
3 EL Joghurt
eine Prise (Kräuter-)Salz, eine Prise Pfeffer
1 TL Senf
1 TL Honig
ein Spritzer Zitronensaft
ausgekühlte Palatschinken
Raukeblätter und essbare Blüten zum Dekorieren

ZUBEREITUNG

1 Für die Fülle verrühre ich grob gehackte Knoblauchsrauke mit Frischkäse und etwas Joghurt. Gewürzt wird entweder mit Kräutersalz oder Pfeffer und Salz, Senf, Honig und Zitronensaft. Fertig!

2 Jetzt wird die Fülle auf vorbereitete Palatschinken gestrichen und mit frischen Raukeblättern belegt. Ich rolle die Palatschinken eng ein und schneide sie schräg in mundgerechte Stücke. Für ein perfektes „fingerfood-outfit“ stecke ich in jeden „Kräuterling“ einen Zahnstocher samt einem weiteren Blatt der Knoblauchsrauke.

Mein Osterhase
versteckt
Einmachgläser
statt Ostereier!
Frohe
April

Auf die Tag- und Nachtgleiche Ende März, am ersten Sonntag nach Vollmond, folgt mein Lieblings-Frühlingsfest. In alten Zeiten „Ostara", seit dem Mittelalter „Ostern" genannt, steckt das Fest voller Lebenskraft und für mich nach wie vor voller Magie. Die Erklärung im Sinne der alten Sprach- und Lautgeschichte, nach der die Silbe „os" Geburt und Erde und die zweite Silbe, „tara", Zeugung bedeutet, unterstreicht das Frühlingserwachen in der Natur.

Die Frage „Was war zuerst, das Ei oder der Hase?" stellte ich mir nie. Beide haben ihren festen Platz in Mythologie, Brauchtum und meinen Bildern und Osternestern. Der Hase ist ein uraltes Symboltier des Mondes, der Erneuerung des Lebens und der Wiedergeburt. Im Alpenraum soll es Sagen über „Hasenfrauen", die nachts den Mond besuchen, geben. Für die Druiden waren Hasen heilige Tiere, welche Glück, Heilung und Fruchtbarkeit bringen sollten. Mit Letzterer ist wohl auch das Ei untrüglich verbunden. Brauchtumsspiele wie Eierlaufen und Ei-Knacken waren bei uns Kindern fast so beliebt wie das Eier-Suchen. Daran hat sich weder bei den Kindern noch bei mir etwas geändert. Jedes Jahr veranstalte ich im Rahmen meiner Tätigkeit als Leiterin und Konsulentin für Kinder-, Kultur- und Umweltprogramme Osterfeste und -werkstätten, bei denen sowohl Eier und Hasen als auch die dazugehörigen Frühlingspflanzen wie beispielsweise Weide und Himmelschlüssel im Mittelpunkt stehen. Manchmal, wenn ich ein wenig Zeit erübrigen kann, banne ich bunte Eier und Hasen auch auf Leinwände. Jedes Jahr hopple ich selber durch die Gärten von Familie und Freunden, um Osternester zu verstecken. Und jeden Ostersonntag freue ich mich wie ein kleines Kind, wenn der Osterhase auch in meinem Garten etwas deponiert hat.

Mein Osterhase versteckt allerdings seit einigen Jahren Einmachgläser und Aufbewahrungssäckchen statt Ostereier und Schokohasen.

Die Weide

Meinen Esstisch schmückt bereits ein Osterbaum. Ich habe der „Weidenfrau“ ein paar Zweige mit Blütenkätzchen abgeluchst und sie österlich geschmückt. „Aber nicht zu viele“, hat mir die Weidenfrau unhörbar zugeflüstert. Ich beherzige das, denn Weidenkätzchen sind im Frühling eine wichtige Nahrungsquelle für Bienen.

Magisches Weidenwasser

In meiner Kindheit gehörte der „Weidenbach“ meiner Heimatgemeinde zu meinen liebsten Aufenthaltsorten. Im Schutz der „Weidenfrauen“ baute ich geheime Verstecke. Dazu konnte ich mir die Vermehrungsfreudigkeit der Weide zunutze machen. Die Weidenzweige, die ich in die Erde steckte, wuchsen in kürzester Zeit zum Weidenzaun und Tipi. Heute profitieren viele meiner Pflanzenstecklinge von den Wachstumshormonen der Weide. Weidenrinde, ein bis zwei Tage in kaltem Wasser angesetzt, ist die Grundsubstanz für das „magische Weidenwasser“, welches speziell die Haarwurzeln vom raschen Wachsen überzeugt.

Hausmittel mit Geschichte

In der Naturheilkunde fand die Weide schon vor einigen Tausend Jahren Verwendung. Tee aus Weidenrinde, mit ihrem entzündungshemmenden, fiebersenkenden und schmerzstillenden Wirkstoff Salicin, der im Körper zu Salicylsäure umgewandelt wird, linderte Fieber und Gliederschmerzen. Mit der industriellen Herstellung von Aspirin ging diese Bedeutung zwar fast verloren, aber ich ziehe die Rinde Anfang April, wenn sie noch ganz bitter und somit am heilkräftigsten ist, mit einem Messer von den jungen Zweigen ab. Dann wird sie, frisch oder getrocknet, mit siedend heißem Wasser überbrüht und sollte 15 Minuten lang ziehen. Den Absud in Form von Umschlägen und Waschungen empfehle ich auch für die Behandlung von Warzen und Hühneraugen.

Grippe-Badesäckchen

Wenn ich mir ein Bad mit Weidenrindentee zubereite, ist meistens eine fiebrige Erkältung mit Gliederschmerzen daran schuld. Badesäckchen mit Weidenrinde liegen immer griffbereit in meiner Hausapotheke. Ich fülle ein Gaze- oder Leinenquadrat damit, gebe oft auch Kamillenblüten, Mädesüß und Wacholderbeeren dazu und binde es zu einem Säckchen. Dieses hänge ich zunächst unter den heißen Wasserstrahl und verwende es während des Bades wie eine Art Kräuterstempel und betupfe damit die Haut. Auch untertauchen ist erlaubt, denn wer sich über vergilbte graue Haare ärgert, bekommt mit einer Spülung aus Weidenrinde einen schönen Grauton zurück.

Ich empfehle ein eher heißes Bad, aber nicht länger als acht Minuten, und zum Abspülen klares Wasser. Abgetrocknet wird nur flüchtig aber die Nachruhezeit im Bademantel soll mindestens 20 Minuten betragen, denn diese ist für den Erfolg der Behandlung wichtig. So gut die Weidenrinde mir auch tut, sie sollte nicht während Schwangerschaft und Stillzeit sowie auch nicht bei Kindern unter zwölf Jahren angewendet werden. Allergiker oder Asthmatiker müssen ganz darauf verzichten.

Die Himmelschlüssel

Der Osterhase legte mir einmal ein Buch mit Legenden und Sagen über Pflanzen ins Nest. Die Geschichte vom heiligen Petrus, dem sein Schlüsselbund durch ein Missgeschick vom Himmel auf die Erde gefallen war, wo dann die erste Himmelschlüssel gewachsen sein sollen, mag ich immer noch am liebsten. Mit dem fröhlichen Frühlingsboten verbinden mich viele schöne Erinnerungen. Gemeinsam mit meinen Eltern und befreundeten Familien machten meine Schwester und ich früher viele Sonntagsausflüge. Wohin es ging, bestimmte nicht selten die Natur und was sie für uns bereithielt. Wenn im April auf den Streuobstwiesen des Naturparks Rosalia-Kogelberg gelbe Blütenteppiche ausgerollt wurden, war das unser erklärtes Lieblings-Ausflugsziel.

Die echte Wiesenschlüsselblume, zu erkennen an ihren dottergelben, duftenden Blüten, ist in vielen Regionen schon selten geworden und steht oft sogar unter Naturschutz. In meiner Heimat ist sie noch verbreitet und ich genieße diesen Luxus auf unterschiedlichste Arten. Ich darf meinen besten Freundinnen jedes Jahr Freude mit einem kleinen Sträußchen Himmelschlüssel machen. Ich selber stelle mir eines auf das Nachtkästchen, weil mich der Duft verzaubert und entspannt einschlafen und aufwachen lässt. Schon Hildegard von Bingen schätzte die Pflanze als natürliches, sanftes Antidepressivum. In Form einer Tinktur oder einer Teemischung können Himmelschlüssel sogar Hilfe bei leichter Migräne, Niedergeschlagenheit und Schlafproblemen bieten. Auch den Schlüsselblumenwein von Maria Treben, ein Ansatz von Blütenköpfen mit trockenem Weißwein, der nach 14 Tagen abgeseiht und dreimal täglich in der Menge eines Esslöffels eingenommen werden soll, darf ich jedem, der sein Herz stärken möchte, im wahrsten Sinne des Wortes ans Herz legen.

Einen Absud aus Blüten, der lauwarm als Kompresse aufgelegt wird, wirkt sanft, aber gewissenhaft bei unreiner Haut. Es gibt so viele Rezepte mit Himmelschlüsselblüten, dass die Verarbeitung einer wohldosiert gepflückten Menge gut überlegt sein will.

Hin und wieder möchte ich auch in der Küche nicht auf ihr feines, blumiges Aroma verzichten. Mit einer ganz exquisiten Note schmücken sich meine Fischgerichte, wenn ich die Fische mit zwei Eigelb und einer Handvoll Himmelschlüsselblüten anbrate. Und meine sommerlichen Erfrischungsdudler werden erst mit einem Schuss Himmelschlüssel-Blütenessig umwerfend prickelnd.

„Heiliger-Petrus-Likör“

ZUTATEN

1 Handvoll frische Himmelschlüsselblüten
1 aufgeschlitzte Vanilleschote
½ Stück Zimtstange
a 1/8 l Honig
1 l Wodka

ZUBEREITUNG

1 Für die Zubereitung meines wahrlich himmlischen Getränks fülle ich ein Einmachglas bis zur Hälfte mit frischen Blütenköpfen, einer Vanilleschote, einem Stück Zimtstange und etwas Honig und übergieße anschließend alle Zutaten bis zum Glasrand mit Wodka. Der geschmacklose Wodka bringt das Aroma von feinen Blüten, Blättern und Früchten am besten zur Geltung. Sein Alkoholgehalt genügt, um zarte Pflanzenteile und weiche Früchte auszuziehen. Den ebenso geschmacklosen, aber viel stärkeren und vor allem teureren Weingeist verwende ich nur zum Ansetzen und Ausziehen von Nüssen und Wurzeln und zur Herstellung des echten Schwedenbitters. Wer mit Obstschnäpsen, Whiskey und anderem Hochprozentigen experimentiert, sollte die Aromen der auszuziehenden Pflanzenteile gut kennen, um ein harmonisches Gesamtergebnis zu erzielen.

2 Unwiderstehlich goldig steht der Himmelschlüssel-Blütenansatz nun gute drei Monate auf der hellen Fensterbank. Hin und wieder schüttle ich das Glas, damit sich die Zutaten gut miteinander verbinden können, und hoffe, dass dieser Vorgang einer schnellen Reifung zuträglich ist.

Frühestens im Hochsommer wird der Likör abgefiltert, abgefüllt und selbstverständlich verkostet – aber am meisten begeistert er im kommenden Frühling in handbemalten Likörfläschchen in den Osternestern meiner Liebsten.

Mein Tipp

Blüten und Wurzeln der Himmelschlüssel enthalten schleimlösende Saponine. Gemeinsam mit Veilchen, Gänseblümchen und Spitzwegerich verwende ich daher eine Handvoll getrockneter Pflanzenteile für meine wohltuende „Hustenzwerg-„Teemischung“.

Der Spitzwegerich

Ich könnte mir vorstellen, dass der Osterhase mit dem „König des Weges" gut bekannt ist. Für den kleinen Arthur ist das selbstverständlich. Seit er beim Osternest-Suchen von einem Insekt gestochen wurde und das große „Aua" mit Spitzwegerich-Blättern verbunden wurde, hat er für den Osterhasen jedes Jahr ein Büschel Spitzwegerichblätter vorbereitet. Schließlich ist der Osterhase, wenn er durch das Gras hoppelt, immer mit Insekten konfrontiert. Und da der entzündungshemmende Blättersaft bei Arthur dafür sorgte, dass es keine Schwellung und sehr rasch keine Schmerzen mehr gab, gehören Spitzwegerichblätter seither auch in die Hausapotheke des Osterhasen.

Ein König als Alleskönner

Ich freue mich jedes Mal, wenn ich „Majestät Spitzwegerich" begegne, und neige in Gedanken mein Haupt vor seinen so kostbaren Heilkräften. Wie es zu seinem Beinamen „König des Weges" kam, ist rasch erklärt. Die beiden althochdeutschen Wörter „wega" und „rhi" bedeuten „Weg" und „König".

Fast das ganze Jahr sind die Blätter der mehrjährigen Pflanze pflückbereit. Wie bei den meisten Kräutern gilt allerdings auch beim Spitzwegerich, dass er vor seiner Blüte die meisten Inhaltsstoffe mitbringt.

Weiters gilt es zu beachten, dass die Blätter an trockenen Tagen zu ernten und für die Verwendung als Tee ganz rasch zu trocknen sind, weil sie sonst schwarze Flecken bekommen und unbrauchbar werden.

Der Spitzwegerich ist ein gern gesehener Gast in meiner Wildkräuterküche. Der frische, wild-herbe Geschmack erinnert mich etwas an Apfel. Die jungen, vitaminreichen Blätter passen daher hervorragend auf Salate oder klein gehackt auf ein Butterbrot. Selbst knusprig gebraten in süßen Wegerichlaibchen, cremig in einer „Wegesrand-Suppe" oder als außergewöhnliche Füllung von Putenröllchen schmecken sie herrlich!

Im Frühling vergeht kaum ein Spaziergang, ohne dass ich ein Büschel frische Spitzwegerichblätter pflücke. Seine Stoffwechsel regulierenden Wirkstoffe vermixe ich in Wildkräuter-Smoothies.

Mein Tipp

Spitzwegerichblätter sind auch eine gute und gesunde Nahrung für Meerschweinchen und Kaninchen.

„Seeräubersalat“

Das unangefochtene Highlight meiner Kohlrabigerichte stellt mein Seeräubersalat dar. Damit konnte ich bis jetzt noch jeden Kohlrabizweifler aus der Reserve locken. Nach dem ersten Bissen folgt üblicherweise ein überraschtes „Oh!“ und kurz danach ein überzeugtes „Mh!“, und das Lustigste daran ist, dass fast niemand das Gemüse als solches erkennt, wenn ich es nicht vorher verrate.
Das Originalrezept ist ein thailändisches und wird ursprünglich mit grüner Papaya zubereitet. Nun, weil grüne Papaya bei uns weder heimisch noch wirklich einfach und günstig zu besorgen ist, gibt es den Kohlrabisalat mit thailändischem Namen „Som Tam Thai“ bei mir als revolutionierten Seeräubersalat.

ZUTATEN

1 weiße Knolle Kohlrabi samt Blätter
2 Limetten
1 Knoblauch
1 cm frischer Ingwer
2 EL Palmsirup oder Honig
eine Prise Chiliflocken
eine kleine Handvoll geröstete, ungesalzene Erdnüsse
1 TL Tom Kah-Paste
frisches Zitronengras

ZUBEREITUNG

1 Eine weiße und falls vorhanden auch eine blaue Kohlrabiknolle wird geschält und mit einem Sparschäler in feine Blättchen gehobelt. Die Kohlrabiblätter werden ebenso gewaschen, in feine Streifen geschnitten und beiseitegestellt.

2 Die Marinade ist das wirklich Abenteuerliche an diesem Salat. Schon die Zubereitung stellt für mich einen echten Genuss dar. Ich verrühre Limettensaft, etwas Limettenschale und -fruchtfleisch mit einer gepressten Knoblauchzehe, fein geriebenem Ingwer, etwas Palmsirup oder Honig. Dazu kommen noch ein paar Chiliflocken und ungesalzene, geröstete Erdnüsse.

Den für diesen Salat ganz typischen Geschmack verleiht die sogenannte Tom Ka-Paste und etwas fein geschnittenes Zitronengras. Beide Zutaten sind in Asialäden oder gut sortiertn Supermärkten erhältlich. Die Marinade wird gut verrührt und unter den Kohlrabi gehoben. Eine Ruhezeit von zumindest einer Stunde steigert das außergewöhnliche Geschmackserlebnis. Vor dem Servieren mische ich den Salat nochmals. Leinen los für ein kulinarisches Abenteuer am Ostertisch.

Im Mai feiere ich mit meinen Pflanzen jeden Tag Hochzeit!
Mai

Es ist Hoch-Zeit! – für Liebesorakel, Fruchtbarkeitsfeste, Brautpaare und für Gärtner. Ein Hoch auf die Frauen, die sich in der Walpurgisnacht seit alten Zeiten Freiheiten nehmen, Schabernack oder Zauber treiben. Ein Hoch auf die „Liebesmaien", die Maibäumchen, die unverheirateten Mädchen über Nacht vor das Fenster gestellt und am nächsten Morgen verschämt und mit heimlicher Freude bestaunt werden. Ein Hoch auf alle, die sich trauen – einen Bund fürs Leben zu schließen und den gefürchteten, oft gar scheinheiligen Eisheiligen Widerstand zu leisten. Und wenn Letztgenannte es nicht zu bunt treiben, feiere ich mit meinen Pflanzen jeden Tag Hoch-Zeit. Für mich ist es die leidenschaftlichste Zeit im Jahr. Die gesamte Natur stellt ihre Fruchtbarkeit unter Beweis. Jede Pflanze umgarnt Insekten und Menschen gleichermaßen temperamentvoll mit duftenden und farbenprächtigen Reizen.

Auch in meinem Garten ist Überschwang und die Trunkenheit vom letzten Mairegen deutlich zu bemerken. Die Radieschen flirten mit dem Pflücksalat, Petersilie und Knoblauch erwarten sehnsüchtig die Ankunft der Tomatenpflänzchen und der Rosmarin versprüht prahlerisch sein Odeur, um die Schwester der Braut zu beeindrucken. Alle anderen überlassen dem Spargel großzügig die Bühne. Im Mai ist er der Star unter den Gemüsesorten! Und der wiederum hat sein Herz an die Königin der Blumen verschenkt. Doch die Rose ist schon dem Bräutigam versprochen.

Die Rose

Die Schwester der Braut bin ich und meine Freude darüber ist riesig. Selbstverständlich darf mein Rosmarin auch mit zur Hochzeit, denn als eine seit alten Zeiten bekannte Pflanze der Liebe ist die Hochzeit meiner Schwester ohne ihn undenkbar.
Aber zunächst steht die erste Blüte meiner betörend duftenden, dunkelroten Rose im Mittelpunkt. Jedes Jahr begrüßt der alte Rosenstock meine Gäste am Gartentor und drapiert seine Ranken anmutig um den schmiedeeisernen Bogen. Dieser besondere Platz beim Eingang wurde ihm schon vor knapp 100 Jahren von meiner Großmutter zugeteilt. Sie wusste anscheinend noch von der magischen Kraft der Rosen, Störenfriede fernzuhalten. Die Rose ist in der Tat in vielerlei Hinsicht eine außerordentliche Pflanze. Fast alle Sprachen der Welt haben einen Namen für sie und kaum ein Volk kennt sie nicht als das Symbol für Liebe und Schönheit.
Die Tatsache, dass Menschen sogenannte „Rosenkriege“ führen und eine der ältesten Kulturpflanzen beispielsweise als undurchdringliche Dornenhecke in Märchen und Mythen als auch Religionen vorkommt, führe ich auf die Wehrhaftigkeit durch ihre Stacheln zurück.
Sobald die erste Duftende in meinem Garten ihre Kronblätter ausbreitet, beginne ich mein kleines Ritual, das ich während der ganzen Zeit der Rosenblüte abhalte. Egal, wie hektisch der Morgen beginnt, ich stecke meine Nase für wenige Augenblicke tief in eine Blüte und starte erst dann in den Alltag. Dieses kurze Duftbad versorgt mich mit Energie und lässt mich in wenigen Sekunden entspannen und Ärger abbauen. Um so oft wie möglich von dieser stimmungserhellenden, nervenstärkenden Wirkung zu profitieren, stelle ich gerne eine Rose auf meinen Arbeitstisch oder mein Nachtkästchen.

„Hoch-Zeits-Versprechen“

Denn wir wollen uns
nicht nur an einem Tag trauen,
sondern bis ans Ende unserer Tage.
Nicht nur bejahen,
sondern auch beflügeln.
Nicht nur in Hoch-Zeiten
mit dem Tau des Meeres erfrischen,
sondern auch in Nieder-Lagen
durch Feuer gehen
und um Maien tanzen.

Denn wir wollen nicht nur
ins Ferne reisen.
sondern uns auch in unserer Nähe
bleiben.
Nicht nur auf Rosen betten,
sondern auch die Stacheln ziehn
und Wunden lecken
und dann miteinander weitergehen
und träumen und fliegen
über Berge und Täler
und über Wasser und Erde.

Denn wir wollen in der Liebe aufgehen
und manchmal auch ab,
dazwischen wieder ein Herz und
eine Seele werden, um miteinander
zwei von jedem zu haben.
Denn wir würden nicht ohne
einander leben wollen, sondern lieber
miteinander irgendwann sterben.

Rosenrezepte sind für mich mindestens so verführerisch wie ihr Duft. Jedes Jahr stellt sich mir dieselbe schwierige Frage: Wie viele Blüten werde ich für welche Rezepte opfern? Für die Hochzeit meiner Schwester müsste ich einen ganzen Rosengarten plündern. Das Brautpaar soll sich im Rosenregen küssen. Zur Agape möchte ich indisches Rosen-Lassi kredenzen. Dazu verrühre ich Joghurt mit etwas Wasser, ein paar Esslöffeln Ahornsirup und ein paar Esslöffeln Rosenwasser, gebe alles in einen Mixer und serviere es mit frischen Rosenblüten. Ein Glas Rosenbowle könnte als Aperitif das Buffet eröffnen. Rosenlikör wäre zur Torte fein. Der Bräutigam soll seine Braut nicht nur über die Schwelle, sondern auch über einen Rosenblütenteppich bis ins Schlafgemach tragen. Und der Überraschungskorb für den Start ins harmonische Eheleben am nächsten Morgen ist bestückt mit meinem eigens kreierten „Hab dich lieb"-Sortiment, bestehend aus Rosenblüten-Badesalz und -Körperlotion, einem entzündungshemmenden Rosenbalsam, Rosen-Kräuterbutter, Linsenaufstrich mit Rosenblüten und dem aphrodisierenden Rosenblüten-Gelee.

Mein Tipp

Rituale für sogenannte „Liebeszauber" mit Rosen oder anderen Pflanzen sind leicht zu finden. Für manipulative Magie kann ich mich allerdings nicht begeistern; das macht auch die Verwendung von Rosen nicht besser; aber ein kleines, feines Rezept für das Wecken der Sinne, für erhöhte Aufmerksamkeit und sinnliches Prickeln verrate ich gerne. Ich mische duftneutrales Pflanzenöl mit ein paar Tropfen reinstem ätherischen Öl der Damaszener- oder Mairose, gebe je nach Lust und Laune entweder ein paar wenige Tropfen vom ätherischen Öl der Vanille oder Sandelholz dazu und verwende das Öl entweder als Parfum, als Körperöl oder Badezusatz. Auch mit einer Rose (aus dem Garten) am Autoscheibenwischer oder auf dem Kopfpolster funktionieren kleine „Liebeszauber" prima!

„Hab dich lieb"-Rosenblüten-Gelee

ZUTATEN

1 l Bio-Apfelsaft
1 kg Gelierzucker
(oder alternative Geliermittel wie z. B. Agar-Agar)
4 Handvoll frische Rosenblüten
(an einem trockenen Vormittag geerntet)
1 Vanilleschote
2 Kardamomkapseln
1 Zimtstange
je 1 EL geriebene Bio-Zitronen-
und Bio-Orangenschale
1 Handvoll getrocknete Rosenblütenknospen
oder –blätter
1/16 Rosenblütenlikör

ZUBEREITUNG

1 Mein Gelee ist dann perfekt, wenn ich Apfelsaft mit Gelierzucker und den pinkfarbigen duftenden Blüten meiner Moorrose verrühre und ein paar Stunden durchziehen lasse.

2 Dann gebe ich das Mark einer Vanilleschote, zerstoßene Kardamomkapseln, geriebene Zitronen- und Orangenschalen und eine Zimtstange dazu und koche alle Zutaten zuerst vorsichtig und dann für vier Minuten heiß sprudelnd auf. Bevor das Gelee in sterile Gläser gefüllt wird, verfeinere ich es mit getrockneten Rosenblütenknospen und einem Schuss Rosenlikör.

Die Birke

War das ein Getuschel und Gekicher, als meiner Freundin Karin in der Nacht zum 1. Mai ein Maibäumchen unter das Fenster gestellt wurde. Die dürre Birke machte trotz der bunten Krepppapier-Bänder nicht viel her, aber was zählte, war die Bedeutung dieser Geste. Wir löcherten Karin mit Fragen: „Sag schon, weißt du, von wem es ist?" Aber außer ihren dunkelroten Wangen und den Sternchen in den Augen verriet nichts das Wissen um einen Verehrer. In vielen Orten des österreichischen Bundeslands Burgenland wird der Brauch, der Angebeteten als Zeichen der Zuneigung ein Maibäumchen aufzustellen, nach wie vor gepflegt.

Ich bin heute noch enttäuscht, weil ich nie in den Genuss dieser Überraschung kam. Aber wer weiß, vielleicht stellen mir die Mitglieder der örtlichen Burschenschaft zum 60. Geburtstag eine Birke unter mein Fenster. So geschehen bei einer unverheirateten Dame im Nachbarort. Diese freute sich über ihr verspätetes Maibäumchen dermaßen, dass sie die gesamte Burschenschaft zum Essen einlud.

Ursprünglich könnte der Brauch ein Überbleibsel einer alten Methode der Partnervermittlung, dem „Mailehen", aus dem 17. Jahrhundert gewesen sein. Unverheiratete Frauen wurden damals von Junggesellen ersteigert. Der Meistbietende wurde Maikönig und stellte dann seiner Königin einen mit Bändern geschmückten Maibaum vor das Fenster. In der heidnischen Zeit sollen die Menschen den Frühling mit ausgelassenen Maifesten begrüßt haben. Sie wurden später von den christlichen Maiandachten und Maitänzen um den Birkenbaum abgelöst.

Einer der Gründe, warum für diesen und ähnliche Bräuche die Birke Verwendung fand, ist in der Mythologie zu finden, wo sie wegen ihrer weißen Rinde den Jungfrauen und der Fruchtbarkeitsgöttin Freya zugeordnet wird.

Der in Europa heimische Laubbaum wächst auf Dünen genauso wie auf Mooren. Hoch oben auf den riesigen Birken im Garten meiner Eltern sitzend, konnte ich schon als Kind beobachten, dass die Bäume zahlreichen Vogelarten Nahrung geben und für Pilze, Flechten, Moose, Insekten und Säugetiere einen perfekten Lebensraum bieten. Außerdem ist die Birke ein hochwertiger Nutzbaum. Ich verwende ihre Knospen und Blätter, ihren Saft, ihre Rinde und ihr Holz.

Schon lange bevor sich die Birken mit einem zartgrünen Schleier der ersten Blättchen schmücken, bohre ich meine alte Hängebirke 50 Zentimeter über dem Boden zwei Zentimeter tief und einen Zentimeter breit an und stecke ein Glasröhrchen hinein, um so etwas von ihrem heilkräftigen Saft zu zapfen. Über einen Trichter tropft die süßliche, aromatische Flüssigkeit in eine mit einem Band unter dem Röhrchen fixierte Flasche. Danach versiegle ich das Bohrloch mit Baumwachs und schütze es mit einem Stück Korken gegen Fäulnis. Ich lasse mir von meinem Baum jedes dritte Jahr etwa drei Liter schenken. Für meine Entschlackungskur trinke ich davon täglich zwei- bis dreimal pro Tag 4 Zentiliter, solange der Vorrat reicht. Hin und wieder gebe ich etwas an Bekannte ab, die den Birkensaft äußerlich, beispielsweise für eine Massage der Kopfhaut oder bei nässenden Hautproblemen, anwenden. Wer selber keine Möglichkeit zur Saftgewinnung hat, kann ihn auch im Reformhaus kaufen.

Wenn dann die jungen, klebrigen Knospen und Blätter austreiben, pflücke und trockne ich sie bis Anfang Mai für einen Teevorrat, der bei der Behandlung von Nieren- und Blasenproblemen helfen kann. Die Blätter gemeinsam mit der Rinde zu einem starken Absud aufgekocht, lassen die entzündungshemmenden Wirkstoffe der Birke auch als Badezusatz gut zur Geltung kommen.

„Freche Freya"-Körperöl

Meine Tee- und Saftkuren, mit denen ich bis Ende Mai mein Blut gereinigt und meinen Körper bestmöglich von winterlichen Altlasten befreit habe, werden häufig durch Bürstenmassagen und Einreibungen mit dem „Freche Freya"-Körperöl unterstützt. Es handelt sich dabei um ein Anti-Cellulite-Öl, obwohl ich dieses Wort gruselig finde. Das Öl zaubert mir allerdings im besten Fall nicht nur ein paar kleine Hautdellen weg, sondern auf jeden Fall ein Schmunzeln ins Gesicht.

ZUTATEN

1 EL gehackte Birkenblätter
1 EL gehackte Efeublätter
1 TL geriebene Bio-Zitronenschalen
200 ml Mandelöl
20 Tropfen 100 % reines ätherisches Birkenöl
15 Tropfen 100 % reines ätherisches Zypressenöl
15 Tropfen 100 % reines ätherisches Grapefruitöl

ZUBEREITUNG

1 Die „Freche Freya" ist recht einfach und günstig herzustellen. Ich gebe klein gehackte Birkenblätter, Efeublätter, Zitronenschalen und manchmal auch etwas Schöllkraut in ein kleines Einmachglas und übergieße alles mit einem neutral duftenden Pflanzenöl; am liebsten verwende ich Mandelöl.

2 Nach zwei Wochen Ruhezeit auf der hellen Fensterbank seihe ich die Pflanzen ab und mische 100 Prozent reines ätherisches Birken-, Zypressen- und Grapefruitöl dazu.

Die Zeit und Aufmerksamkeit, die ich mir mit einer Massage zukommen lasse, gönne ich mir sonst viel zu wenig. Inzwischen bin ich fest davon überzeugt, dass die Zuwendung, die ich mir selber schenke, mindestens genauso viel Anteil am positiven Ergebnis hat wie die Inhaltsstoffe des Öls. Vielleicht taufe ich es ja auch noch auf „Ich hab mich lieb"-Öl" um…

Mein Tipp

Birkensaft gärt rasch. Vergorener Birkensaft enthält circa 7 Prozent Alkohol und trotzdem alle wertvollen Inhaltsstoffe. Menschen mit Birkenpollenallergie können sowohl frischen, unbehandelten Birkensaft, als auch Birkenwein in kleinen Mengen genießen.

Der Rosmarin

Den Rosmarinstöcken meiner Verwandtschaft galt damals schon vor meiner Hochzeit die ganze Aufmerksamkeit. Sie wurden gehegt und gepflegt und vor allem bis zum großen Fest nicht beerntet, denn wie es sich für eine burgenländische Hochzeit gehörte, wurden die unverheirateten Herren unter meinen Hochzeitsgästen nach altem Brauch mit Rosmarinzweigen geschmückt. Mit etwas Aberglauben sollte das Zweiglein am Revers zur zukünftigen Liebsten führen.

Das mediterrane Würz- und Heilkraut mit dem malerischen Namen „ros marinus" – „Tau des Meeres", hat es wohl seinen immergrünen Nadeln und seinem unvergleichlichen Duft zu verdanken, dass es von unterschiedlichsten Völkern zu den am meisten geschätzten Pflanzen der Liebe und Treue zählte. Bräute wurden mit Rosmarin bekränzt, um die Liebe „ewig grün" zu halten. Sein Wohlgeruch produziert Endorphine, die sich als angenehme, entspannte Stimmung ausbreiten und sogar dem Gedächtnis auf die Sprünge helfen sollen.

Einer meiner Bekannten ist felsenfest davon überzeugt, dass ein Rosmarinstrauch über den Zustand einer Ehe Auskunft geben kann. Sind seine Nadeln gelblich und der Strauch an manchen Stellen gar kahl, ist es auch um die Harmonie in der Ehe schlecht bestellt. Präsentiert sich der Strauch glänzend und mit einem üppigen lila Blütenkleid, geht es auch den Eheleuten blühend.

Wenn ich daran denke, dass die Menschen zur Zeit der Pest seine Heilkraft so hoch einschätzten, dass Rosmarin zum gleichen Wert wie Fleisch gehandelt wurde, kommt mir sogar das Wort „Zauberkräutlein" in den Sinn. Man trug den antiseptisch wirkenden Rosmarin auch wie ein Schutzamulett um den Hals gebunden.

Kurz vor Vollmond schneide ich seine weichen Triebe ab, denn das regt sein Wachstum an und schenkt mir regelmäßig eine würzige und heilkräftige Ernte für Küche und Hausapotheke. Seine Nadeln, frisch oder getrocknet, finden sich in meinen Bademischungen, Räucherungen, Kräuterölen und Grillmarinaden.

Rosmarin-Grillmarinade

Grillfeste an lauen Sommerabenden liebe ich über alles. Für das „Grillen mit Liebe" braucht es selbstverständlich auch die passenden, verführerischen Ingredienzien. Gegrilltes Fleisch schmeckt mir doppelt so gut, wenn es vorher ein ausgiebiges Bad in einer Marinade (für etwa 500 Gramm Fleisch) genießen darf.

ZUTATEN

je 1 EL frisch gehackter Thymian,
Oregano und Majoran
2 EL frisch gehackte Rosmarinnadeln
1 Lorbeerblatt
3 gepresste Knoblauchzehen
eine kleine Prise Chiliflocken
1 TL frisch geriebener schwarzer Pfeffer
je 1 TL Zitronensaft und -schale
1 TL Senf / 1 Becher Joghurt
¼ l kalt gepresstes Olivenöl

ZUBEREITUNG

1 Frische, mediterrane Würzkräuter aller Art, mit Vorliebe Thymian, Majoran, Oregano, Lorbeerblätter und natürlich Rosmarin, werden im Mörser mit gepresstem Knoblauch, etwas Chili und Senf, Zitronenschalen und Pfefferkörnern vermahlen und dann mit Olivenöl, einem Spritzer Zitronensaft und etwas Joghurt vermischt.

2 Für ein wirklich gutes Aroma und zarte Fleischfasern lasse ich das Schwein, Rind und Geflügel mindestens vier, aber noch besser bis zu zwölf Stunden gekühlt in der Marinade ziehen. Ich verwende die Marinade auch, bevor ich das Fleisch kurz anbrate, und genauso gerne zum Braten im Rohr, aber am liebsten zum Grillen.

Mein Tipp

Ohne die Zugabe von Zitronensaft und Joghurt eignet sich das Marinaden-Rezept prächtig für die Verwendung als Erdäpfel-Würzöl und ist etwa vier Monate haltbar. In Marinaden für Lamm gebe ich gerne auch etwas Koriander oder Pfefferminze.

Der Spargel

Alle Jahre wieder – und das allerspätestens im Mai – betrachtet vor allem „Frau“, laut meiner Erfahrung, ihr Spiegelbild mit Argwohn. Ob man nun ins Hochzeitskleid passen oder sich in beängstigend naher Zukunft im Bikini zeigen möchte, Entschlacken und Abspecken gehören im Frühling zu den „Nummer-eins-Themen“. Auch ich gehöre zu jener weiblichen Schar, die versucht, den „No panic“-Speiseplan mit den Essenswünschen der Familie unter einen Hut zu bekommen. Letzten Mai hatte ich zwei Geheimwaffen, die mir tatsächlich den Sieg über so manches Fettröllchen einbrachten: Zumba und Spargel. Das delikate Gemüse hat den enormen Vorteil, dass damit allen das Abspecken schmeckt.

Ob das Abnehmen oder der Spargelanbau schwieriger ist, darüber lässt sich streiten. Vom Vater meines Jugendfreunds weiß ich, dass Spargel drei Jahre lang gut behandelt werden will, eher er seine Spitzen zeigt und dann ausschließlich von Hand geerntet wird. Ob grün oder weiß – oberirdische Ernte mit Sonnenbad und Fotosynthese oder Reifungsprozess in der Erde und blasse Vornehmheit – seine kulinarischen Kosenamen wie zum Beispiel „Frühlingsluft in Stangen“ oder „essbares Elfenbein“ zeugen von seiner Beliebtheit, und das seit sehr langer Zeit.

Ich musste schmunzeln, als ich las, dass das Gemüse in unseren Breiten erst um die Mitte dieses 20. Jahrhunderts zunächst in den Beeten des sogenannten „Stuttgarter Lustgarten“ angepflanzt wurde. Womit wir auch schon bei einer nicht unwesentlichen Charaktereigenschaft des Spargels wären. Er zählt nach wie vor zu den beliebtesten aphrodisierenden Lebensmitteln. Ob aufgrund seines hohen Gehalts an Lust steigerndem Vitamin E, seines Aussehens oder anderen Gründen ist nicht ganz geklärt und, um ehrlich zu sein, mir nicht wirklich wichtig. Ich finde die wissenschaftliche Bezeichnung *Asparagus officinalis*, die eindeutig darauf hinweist, dass es sich beim Spargel um eine Heilpflanze handelt, wesentlich bedeutender. Noch im 19. Jahrhundert waren die begehrten Stangen im amtlichen Arzneibuch vermerkt und mussten in Apotheken vorrätig sein.

Vitamine, Folate, Ballaststoffe und ein umfangreiches Sortiment an bioaktiven Pflanzenstoffen stärken das Immunsystem, entwässern und entgiften den Körper, während das Inulin für eine gesunde Darmflora sorgt.

Mein Tipp

Der „Quietschtest“ beim Spargelkauf deckt altes Gemüse auf. Spargelstangen aneinanderreiben. Nur frische quietschen!

Spargel-Wrap

ZUTATEN

1 Bund weißer oder grüner Spargel
3 EL Sesamöl
$^1/_{16}$ l süße Sojasauce
2 Tortillas
1 Becher Frischkäse
1 weiche Avocado
je eine Prise Salz, Pfeffer und Chiliflocken
ein Spritzer Zitronensaft
2 EL frisch gehackte Basilikumblätter
eine Handvoll Rucola

ZUBEREITUNG

1 Meinen Spargel-Wrap werden mit Sicherheit Diabetiker genauso lieben wie Abnehmbegeisterte und Verliebte. Aus Bequemlichkeit verwende ich meistens grünen Spargel. Die weißen Spargelstangen sollten immer gründlich geschält werden, denn schon kleine Schalenreste können durch die Bitterstoffe den Geschmack verderben.

2 Ich dämpfe die Stangen maximal zehn Minuten und lege sie dann für gut eine Stunde in eine Marinade aus Sesamöl und süßer Sojasoße.

3 Um aus dem Spargel-Wrap ein aphrodisierendes Gesamtkunstwerk zu machen, bestreiche ich Tortillas mit einer Creme aus Frischkäse und pürierter Avocado, die mit etwas Salz, Pfeffer, Chili und Zitronensaft abgeschmeckt und mit frischem Basilikum oder Rucola bestreut wird. Jetzt lege ich die marinierten Spargelstangen darauf und rolle alles zu einem Wrap zusammen.

Ohne das Ertränken in Sauce Hollandaise präsentiert sich dieses Gericht als pfiffige, gesunde Bürojause oder auch als verführerische Einstimmung zu einem Abend zu zweit. Ich bringe die „Gaumenfreude Spargel“ so oft wie möglich auf den Tisch – und kann übrigens bestätigen, dass der Genuss mitunter eindrucksvolle Effekte zeigt.

Im Sonnwendfeuer
verbrenne ich duftende
Kräuterkränze, alte
Cateringlisten und
schlechte Erinnerungen!
Juni

Der Juni nimmt mich unbeschwert mit seinen langen Sonnenstrahlen in die Arme. Die Tage verändern ihren Geruch. Täglich berausche ich mich neu an den Duftwolken, die schwer und süß durch Gärten und Straßen ziehen. Geißblatt und Linde treiben mir nach wie vor Tränen in die Augen, denn ihr Duft berührt mein Herz und schickt Erinnerungen und Sehnsüchte: Honeysuckle-Barbecue in Neuseeland, ein Rendezvous unter dem Lindenbaum …

Die üppige Natur gibt mir viel zu tun. Meine Einmachgläser vermehren und füllen sich und verbauen meine Küchenfenster. Wenn sich das Sonnenlicht in ihrem Inhalt fängt, sieht es aus wie im Labor eines Alchemisten. Täglich schüttle, drehe und bewundere ich ein anderes Glas. Und als wäre es an manchen Tagen nicht schon heiß genug, brodelt am Herd Erdbeermarmelade. Ein Blick auf den Kalender treibt mich an: Höchste Zeit für die letzte Rhabarberernte und die grünen Nüsse müssen noch ins Glas.

Und dann ist sie da: die Sommersonnenwende – zauberhaft schön und gleichzeitig unabwendbar traurig. Im Juni, mitten im Vollen, macht die Sonne kehrt. Dabei hat sie doch gerade erst begonnen, alles zu erobern. Ich liebe und fürchte den 21. Juni. Rund um dieses Datum beschert mir die heiße Sommersonne beste Bedingungen für Kräutersammlungen und entschleunigende Stunden am Fluss. Gleichzeitig aber muss ich der Tatsache ins Gesicht sehen, dass die Tage ab sofort wieder kürzer werden. Ich konzentriere mich auf das Sonnwendfest. Ich stelle mein Sonnwend-Menü zusammen, fülle meinen Feuerkorb, lege meine alten Kräuterkränze und -büschel bereit und streune mit Hündin Pauline und Sammelkorb über die Wiesen. Wir wollen beim Fest frische Sonnwendkränzchen binden, und da soll es an den passenden Kräutern nicht fehlen: etwas Schafgarbe und Beifuß, Mädesüß und Schachtelhalm und ganz viel Johanniskraut.

Das Johanniskraut

Es ist herrlich heiß! Das Johanniskraut wiegt sich im Wind. Seine sonnenähnlichen Blüten strahlen mit der Mittagssonne um die Wette. Meine Schwester hat sich uns angeschlossen. Sie muss beim Pflücken Handschuhe und lange Ärmel tragen, aber das tut ihrer Freundschaft zur Heilpflanze keinen Abbruch.
Hier präsentiert sich eine für diese Pflanze charakteristische Analogie. Johanniskraut macht lichtempfindlich und die ätherischen Öle können Hautreizungen und sogar Brandblasen hervorrufen. Gleichzeitig aber lindert das aus Johanniskraut hergestellte Rotöl Sonnenbrand und Verbrennungen.
Ich schätze die Überlegungen des Arztes und Mystikers Paracelsus und des Begründers der Anthroposophie Rudolf Steiner hinsichtlich der Signaturenlehre sehr. Sie verstanden die Zeichen der Natur zu deuten und anhand bestimmter Eigenschaften einer Pflanze die Wirkung und Einsatzmöglichkeiten als Heilpflanze zu erschließen. Ich betrachte die Signaturenlehre als eine Grundlage unserer traditionellen Pflanzenheilkunde und Teil einer ganzheitlichen Heilkunde für Körper, Geist und Seele. In meiner Vorstellung des Weltbildes gehe ich von wechselseitigen Entsprechungen auf vielen Ebenen des Daseins aus: „wie außen so innen". Die Blüten des Johanniskrauts sehen für mich aus wie kleine Sonnen. Sie speichern die Sonnenkraft und erhellen an dunklen Wintertagen mein Gemüt. Auch andere Pflanzen sind mit Kennzeichen ausgestattet, die darauf hinweisen, wofür ich sie verwenden kann.

Sonnwendfeuer

Ich hole Einmachgläser aus dem Keller und stoße dabei auf einen Karton voller alter Cateringlisten, die Verpflegungsanforderungen der Stars, denen ich als Mitarbeiterin von Musikfestivals zwanzig Jahre zur Zufriedenheit aller nachgekommen bin. Die seitenlangen kulinarischen Wünsche von James Brown & Co. werden heute dem Sonnwendfeuer zum Opfer fallen. Vorher wird noch ein Teil der Johanniskrauternte zu Rotöl gegen Verspannungen und zur Tinktur gegen Winterblues verarbeitet.
Das Sonnwendfeuer lodert. Wir stoßen mit unserem selbst gemachten „Midsommer-Dudler" aus Sommerblüten an und schauen in die Flammen. Es ist Zeit, das Sonnwendfeuer ordentlich zu füttern. Wir verbrennen zuerst den alten Papierkram, dann unsere schlechten Erinnerungen und legen mit den Zettelchen, auf denen unsere Wünsche stehen, nach. Irgendjemand summt „Come on baby, light my fire" und zu „Ring of fire" werfen wir unsere alten, aber immer noch duftenden Johanniskrautkränze in die Flammen. Feuer reinigt. Ich stelle mir vor, wie der aufsteigende Rauch meine Gedanken und Wünsche dem Nachthimmel übergibt. Mein neuer Kranz wird an meinem Himmelbett montiert. Von dort beschützt er mich bestens gegen unruhigen Schlaf und schlechte Träume.

Mein Tipp

Wenn der Blütensaft die Finger rot färbt, ist das ein sicheres Zeichen für die echte Heilpflanze.

Johanniskraut-Rotöl und -Tinktur

ZUTATEN

Johanniskraut-Blütendolden
kalt gepresstes Olivenöl
Weingeist

ZUBEREITUNG

1 Ich fülle zwei Gläser bis knapp über die Hälfte mit verlesenen, leicht gequetschten Johanniskraut-Blütendolden. In das eine Glas gieße ich kalt gepresstes Olivenöl, in das andere Glas Weingeist. In beiden Fällen sollen die Blüten mit der Flüssigkeit gut bedeckt sein.

2 Das heilkräftige Rotöl kann nach etwa zwei Monaten auf der hellen Fensterbank abgeseiht und in dunkle Flaschen gefüllt werden. Es hat mir immer verlässlich bei Verbrennungen, Muskel- und Nervenschmerzen und Zerrungen geholfen. Auch zur Massage nehme ich stets mein eigenes Johanniskrautöl mit.

3 Die Tinktur ist nach drei Monaten fertig und tut ihre kleinen Wunder mit wenigen Tropfen auf ein Glas Wasser, bei Schlaflosigkeit, Angstzuständen und Verstimmungen, eingenommen.

„Johannicreme“

ZUTATEN

50 ml zimmerwarme Milch
etwa 50 ml Johanniskrautöl
1 EL Honig

Am nächsten Tag stelle ich fest, dass mich beim Kräuterpflücken die Sonne ordentlich geküsst hat.
Die Creme ist genial zur Behandlung von Sonnenbrand und Altersflecken.

ZUBEREITUNG

1 Ich schlage zimmerwarme Milch für drei Minuten mit dem Pürierstab auf, bevor ich das Rotöl Tröpfchen für Tröpfchen und dann noch etwas flüssigen Honig dazugebe und mit dem Schneebesen unterhebe.

2 Es wird so lange gründlich geschlagen, bis das gesamte Öl eingearbeitet ist und die Creme langsam merklich dicker wird.

3 Ich fülle einen Teil in einen Tiegel und creme mit dem Rest meine glühenden Schultern ein. Nach dieser Behandlung mit Johanniskraut darf ich wegen der photosensibilisierenden Wirkung für einige Stunden nicht in die Sonne. Gestern am Sonnwendfeuer wurde es sowieso spät, und daher freue ich mich auf ein ausgedehntes Nickerchen.

Die Erdbeere

„Scharfes Bärli", „Gestiefelter Kater"& Co. beanspruchen fast jedes Jahr den Großteil meiner Speisekammer. Erdbeeren mit Chili, Mohn, Kokosflocken, als Fruchtsirup oder Likör sind nur einige der fast unzähligen Rezepte, die den Fans der süßen, roten Nuss erfahrungsgemäß Sternchen in die Augen malen. Die botanische Zuordnung verdankt die Erdbeere den winzigen grünen Nüsschen auf der Oberfläche des Fruchtfleisches, aber um noch etwas mehr Verwirrung zu stiften, sprechen wir Burgenländer von der „Ananas", wenn wir die Erdbeere meinen. Die Bezeichnung ist Teil der Entstehungsgeschichte. Als französische Siedler im Amerika des 18. Jahrhunderts eine Wildform der Erdbeere entdeckten, die größer als die heimischen war, und diese nach Europa brachten, wurde sie wegen ihres Geschmacks und ihrer Form „fragaria ananassa" genannt.

Von Jazzlegenden und legendären Früchten

Die für mich weltbesten Erdbeeren wachsen nur 5 Kilometer von meinem Heimatort entfernt. Die kleine burgenländische Gemeinde Wiesen ist seit Jahrzehnten rund um den Globus für zwei Dinge bekannt: für das internationale Jazzfest und die Ananas-Erdbeere. Zwanzig Sommer lang hatte ich das unbeschreibliche Vergnügen, als Chefin der Künstlerbetreuung die kulinarischen Wünsche der Musiker am Festivalgelände zu erfüllen. Frisch geerntete Erdbeeren waren für fast alle Stars das Highlight. Ich servierte sie Soul-Legende James Brown mit seinem Whiskey unter die Trockenhaube und Randy Crawford in ihre Limousine. Al Jarreau, B.B. King und viele mehr nahmen sie körbchenweise als Reiseverpflegung mit. Auch für das Publikum schien die Erdbeerbowle aus einer schier unversiegbaren Quelle zu sprudeln.

Erdbeeren wurden schon in der Renaissance als „königliche Früchte" bezeichnet und erzielten damals spektakuläre Preise.

In der Antike dienten vor allem die Blüten, Blätter und Wurzeln der Pflanze als anerkannte Heilmittel. Der hohe Anteil an Vitaminen, Spurenelementen und Mineralstoffen unterstützt meine Verdauung und mein Immunsystem. Und auch meine trockene Haut freut sich, wenn ich ein paar Erdbeeren zerdrücke und mit etwas Joghurt und Olivenöl zu einer straffenden, entzündungshemmenden Gesichtsmaske vermische.

„Take five"-Erdbeercocktail

Während meine Haut mit Erdbeeren Feuchtigkeit und einen frischen Teint tankt, beschwingt ein gekühlter „Take five" Körper und Seele.
Ich habe meinen Erdbeercocktail nach dem bekannten Musikstück des Jazzpianisten Dave Brubeck genannt. Ich hatte die Ehre, ihn einmal vor seinem Konzert im berühmten Haydnsaal des Schlosses Esterházy durch die Ausstellungsräume zu führen. Vor einem Gemälde, auf dem eine Gräfin verschiedene Früchte aß, blieb er schmunzelnd stehen und sagte: „She takes five."

ZUTATEN (ALKOHOLISCH)

2 cl Wodka
1 cl Erdbeerlikör
1,2 l Erdbeerwein
etwas Zitronensaft
frische Erdbeeren

ZUTATEN (OHNE ALKOHOL)

2 cl Erdbeersirup
etwas Zitronensaft
0,2 l Mineralwasser
1 Blatt Basilikum
frische Erdbeeren

ZUBEREITUNG

1 Für meinen „Take five" verwende ich fünf Zutaten: Wodka, selbst angesetzten Erdbeerlikör, Erdbeerwein, Zitronensaft und Erdbeeren. Für die antialkoholische Variante, die ich an heißen Tagen bevorzuge, kommen statt den alkoholischen Zutaten selbst gemachter Erdbeersirup, Zitronensaft, Mineralwasser, Basilikum und Erdbeeren zum Einsatz.

2 Ich gebe alles samt ein paar Eiswürfeln in einen Shaker, gieße den Cocktail anschließend in ein hübsches Glas und serviere ihn mit halbierten Erdbeeren. Der Ort, an dem die Luft voller Erdbeerduft und Musik ist, ist seit meiner Jugend mein absoluter Lieblingsplatz und deshalb erhebe ich mein Glas „take five" auf die unvergesslichen Konzerte am Festivalgelände Wiesen und deren „Vater" Franz Bogner samt Familie.

Mein Tipp

Erdbeeren schmecken auch als pikante Steak- und Grillsauce umwerfend. Dazu gebe ich zum Basisrezept für Erdbeermarmelade eine ordentliche Menge Chili und grünen Pfeffer hinzu.

Das Mädesüß

An diesem Wochenende wird das riesige Sonnwendfeuer beim Keltenfest an der Wallanlage aus dem 2. Jahrhundert vor Christus in der „Buckligen Welt" entzündet. Es ist ein buntes Spektakel, wenn sich die große Schar an Bürgerinnen und Bürgern, in ihre Druiden-, Fürsten- und Handwerker-Kostüme gehüllt, zum Festzug formieren und schließlich die Fackeln in den zehn Meter hohen Holzstoß werfen. Aber der Trubel ist vergessen, sobald ich den in den Nachthimmel tanzenden Funken nachschaue und noch ein paar Wünsche hinterherschicke. Doppelt hält besser, sag ich mir.

Auch ich gehöre zu jenen Menschen, die sich dem Zauber der Kelten nicht entziehen können. Dass es wahrscheinlich weniger der wirklichen Historie als meinen Wunschvorstellungen entspricht, dieses Volk im Licht der magischen Geheimnisse zu betrachten, ist für mich nebensächlich. Tatsache ist in jedem Fall, dass sie die vielen Eigenschaften der Pflanzen gut zu nutzen wussten. Eine Pflanze, die allen Verwendungsmöglichkeiten gerecht wird, ist das Mädesüß, das nach alten Überlieferungen zu den heiligsten Gewächsen der Kelten zählte. Als kraftvolle Abwehrpflanze wurde sie in der Sonnwendnacht gepflückt und in den Behausungen aufgehängt und zusätzlich als Schutz vor bösen Geistern im Sonnwendfeuer verbrannt. In manchen Gegenden Österreichs trägt die Pflanze daher den Namen „Sonnwendfäden". Mit Mädesüß färbten die Kelten ihre Kleidung in gelben, rosaroten, grünen und schwarzen Farbtönen. Schottische Tartans werden auch heute noch zum Teil mit der Pflanze gefärbt.

Ich finde die „Wiesenkönigin" in der Nähe von Bachläufen und erkenne sie an ihrem rötlichen Stängel, den dunkelgrünen, gefiederten Blättern und ihrem himmlischen Duft. Die mehrjährige Staude trägt ihren Beinamen zu Recht, denn sie steht majestätisch in feuchten Wiesen, mit den Füßen im Wasser, und wiegt in Gesellschaft vieler Wiesenköniginnen und in Nachbarschaft von Minze und Blutweiderich das duftende Haupt im Wind.

Mir scheint, die Verwendungsmöglichkeiten für das in ganz Europa heimische Rosengewächs könnten ein ganzes Buch füllen. Die Salicylsäure, vorwiegend in den Blütenknospen enthalten, diente vor der Entwicklung eines modernen Syntheseverfahrens zur Herstellung von Aspirin, dessen Bezeichnung vom botanischen Namen *Spirea* abgeleitet ist. Ich nutze die antiseptische, entzündungshemmende, fiebersenkende und schweißtreibende Wirkung häufig in Form eines aromatischen Grippetees. Laut der Traditionellen Chinesischen Medizin, die der Pflanze die Organe Magen, Darm, Leber, Gallenblase und Niere zuordnet, kann der Tee auch Verdauungsprobleme und leichte Magen-Darm-Beschwerden lindern. Mädesüßtee wirkt nach meiner Erfahrung auch als Waschung oder Umschlag bei entzündeten Wunden, als Aufguss bei Migräne.

Celtic-Mädesüß-Essig

Frucht-, Kräuter- und Blütenessige finden sich sowohl in meiner Küche als auch in meiner Hausapotheke. Guter Essig ist für mich Genuss und Medizin gleichermaßen. Aromatisierter Apfelessig mit den Blüten und Blättern des Mädesüß gehört zu meinen Lieblingen. Ich verwende Apfelessig im Allgemeinen zur Bekämpfung von Erkältungen, wenn ich mich erschöpft fühle und meine Verdauung nicht so richtig funktioniert. Auch bei meinen Entschlackungskuren ist er ein wesentlicher Bestandteil. Angereichert mit den wertvollen Inhalts- und Geschmacksstoffen des Mädesüß verleiht er meinen Salaten und Fischgerichten eine blumige Note und lindert als Hausmittel Muskelkater und Gliederschmerzen.

ZUTATEN

5 Mädesüßdolden
eine Handvoll Mädesüßblätter
1 Kardamomkapsel
ein paar Anissamen
1 l Bio-Apfelessig

ZUBEREITUNG

1 Die Zubereitung ist einfach, denn alles, was ich zu tun habe, ist, ein Einmachglas bis zur Hälfte mit frischen Blütendolden, grob gehackten Blättern und ein paar wenigen Gewürzen zu füllen und mit Apfelessig zu übergießen.

2 Ich lasse den Ansatz drei Wochen an einem dunklen Ort durchziehen, bevor ich ihn abseihe und abfülle.

Mein Tipp

Serviere ich zum Sonnwendfest ein Gericht mit Mädesüßessig, spendiere ich auch ein paar Tropfen als kleine Opfergabe der ehrbaren Geisterwelt.

Die Linde

Hündin Pauline sieht mich fragend an. Ich weiß genau, was dieser Blick zu bedeuten hat, und ich antworte ihr, indem ich die Leine vom Haken nehme. „Du hast ja recht, so ein lauer Sommerabend verdient wirklich eine Extrarunde Gassigehen." Ich schlage die übliche Abendroute ein, doch irgendetwas ist heute anders. Was ist es bloß ...? Als wir um die Kurve biegen, bekomme ich die Antwort direkt über die Nase. Der Lindenbaum an der Straßenecke hat zu blühen begonnen. Als ob man bei mir auf einen Knopf gedrückt hätte, schießen mir Tränen in die Augen. Der süße Duft von Lindenblüten macht mich glücklich und melancholisch zugleich. Ich könnte baden darin und bedaure jedes Jahr die kurze Dauer der Lindenblüte. Ich verweile so lang unter dem stattlichen Baum, bis Pauline ungeduldig wird, und mache schließlich einen Umweg, sodass wir auf dem Rückweg noch einmal daran vorbeikommen.

Was für ein schöner Baum. Ich erinnere mich an das alte Volkslied „Am Brunnen vor dem Tore, da steht ein Lindenbaum ..." Die Linde wird in vielen Liedern und Gedichten gewürdigt. Seit uralten Zeiten wird sie als Baum der Liebe, Gemeinschaft und Gerechtigkeit verehrt und ich bemerke oft, dass sie auch heute noch den Mittelpunkt vieler Dorfplätze bildet. Unter ihr wurde sowohl gerichtet – im besten Fall „ge-linde" – als auch gefeiert und geturtelt.

An Sommer- und Winterlinden, die als Naturdenkmal unter Schutz stehen, spaziere ich auch bei uns öfter vorbei. Dabei habe ich festgestellt, dass die Sommerlinde gut zwei Wochen vor der Winterlinde blüht und sich durch ihre herzförmigen Blätter auszeichnet. Die Winterlinde hingegen hat länglichere, spitz zulaufende Blätter und nicht nur drei, sondern bis zu neun Blüten pro Stiel.

Meine Großeltern berichteten davon, dass man aus den Fasern der Rinde bis in die Nachkriegszeit Seile anfertigte und das aus Lindenholz gewonnene Kohlepulver bei Vergiftungen und Durchfall einnahm. Die weichen Blätter verwendete man einerseits anstelle von Toilettenpapier und andererseits klein gehackt als vitaminreichen Brotbelag. Letzteres hab ich selber ausprobiert und fand die Blätter auf einem Butterbrot ausnehmend schmackhaft.

Eine Schwitzkur mit einigen Tassen Lindenblütentee ist in meiner Familie ein altes und beliebtes Hausmittel und hat bis jetzt immer noch erfolgreich fiebrige Erkältungskrankheiten in die Flucht geschlagen.

„Karolinde-Suppe“

Mit Tee aus den wohlschmeckenden Lindenblüten einer Sommersuppe zu fünf Sternen zu verhelfen, ist mein ganz persönlicher Geheimtipp. Als ich sie zum ersten Mal ausprobierte und verkostete, hatte ich plötzlich das Bild einer Sommerelfe vor mir. Sie hatte karottenrotes Haar und trug ein lindgrünes Kleidchen. Seither trägt meine Suppe den Namen „Karolinde“.

ZUTATEN

500 g junge Karotten
1 kleine, rote Zwiebel
2 EL Butter
ca. ½ l Lindenblütentee
je eine Prise Salz, Pfeffer,
Muskatnuss, geriebene Orangenschalen
1 TL Honig

ZUBEREITUNG

1 Damit die Suppe ihrem Namen gerecht wird, zerkleinere ich einen Bund junger Karotten, röste zuerst eine kleine, gehackte rote Zwiebel und dann die Karotten in etwas Butter an.

2 Danach gieße ich mit Lindenblütentee auf und würze mit einer Prise Salz, Pfeffer, getrockneten Orangenschalen und Muskatnuss. Wenn die Karotten weich gekocht sind, werden sie zu einem Brei püriert, mit etwas Lindenblütenhonig verfeinert und mit einer weiteren Zugabe von Lindenblütentee zur gewünschten cremigen Konsistenz aufgegossen.

3 Ich serviere die sommerliche Karotten-Lindenblüten-Suppe je nach Lust und Wetter heiß oder als Kaltschale, mit oder ohne Tupfen Joghurt in der Mitte und mit einem Glas Prosecco oder Blütensaft, aber auf jeden Fall mit frischen Blüten oder Blättern vom Lindenbaum.

Den Sommer feiere ich so oft und so viel ich kann!
Juli

Sommerferien! Auch der kleine Gemüse- und Kräutergarten, den ich im Rahmen meines Kinder-Umweltprogramms „Willi Wulkafrosch" für Kinderworkshops nutze, genießt die Pause.
Allein in den letzten zwei Monaten wurden die Beete von knapp 400 Schul- und Kindergartenkindern enthusiastisch bepflanzt, gepflegt und beerntet.
Die Sonnenblumen, die von den Kindern im Wettkampf um die größte in eine alte Badewanne eingesetzt wurden, lehnen am Zaun und lassen sich sonnen. Die Minzen dagegen sehen aus, als würden sie sich um einen kühleren Platz rund um den kleinen Teich streiten. Die Hitze brütet über dem Gärtchen, und vor allem den mediterranen Gewürzkräutern sieht man an, dass sie sich über die Temperaturen jenseits der 30-Grad-Marke genauso freuen wie ich. Mit jedem Grad mehr scheint ihr Gehalt an Würze und Geschmack zu steigen. Ich streiche über die Pflanzen und atme ihr Aroma ein. Die grünen Grashaare der Erdmandel kitzeln meine Handflächen. Beim Gedanken an Erdmandelcreme läuft mir das Wasser im Mund zusammen.
Der Sommer ist für mich ein einziges Fest und ich feiere ihn so oft ich kann. Am kommenden Wochenende plane ich ein Grillfest für meine Freunde. Vor meinem geistigen Auge brutzeln bereits sämtliche Schätze aus Garten und Wald auf dem Holzkohlengrill. Und dazu werde ich meine neuesten Soßen servieren. Allen voran die exotische Salsa-Kreation „Kamasutra".

Die Marille

Katharinas Garten ist ganz Marille. Als ich meine Kisten im Garten meiner Freundin abstelle, stapeln sich dort bereits mehrere gefüllte Obststeigen. Auf dem Gartentisch duftet der frische Marillenkuchen mit den reifen Früchten auf den Bäumen um die Wette und Katharinas Kinder schmücken sich gegenseitig mit klebriger Kriegsbemalung aus Fruchtfleisch. Auch meine Freundin kann eine intensive Auseinandersetzung mit den Früchten nicht leugnen. Ihre Arme und Kochschürze sind mit Marillen-Sommersprossen übersät. Sie hätte soeben zehn Kilogramm Marillen eingekocht, berichtet sie und weist mit dem Kochlöffel zur Obstbaumwiese und grinst: „Die nächsten 100 Kilogramm gehören dir."

Ich mache mich an die Arbeit. Die erste Marille, die ich aufklaube, gehört mir ganz allein und ich beiße genussvoll in die sonnengewärmte Frucht. Weich, süß, saftig und duftend – die Marille geizt nicht mit ihren Reizen. Kein Wunder, dass sie die Menschheit seit Jahrtausenden betört und zu den beliebtesten Steinobstsorten zählt. Während sie in Shakespeares „Sommernachtstraum" eine aphrodisierende Rolle spielt, ist sie für die Menschen im Himalayagebiet aus einem ganz anderen Grund wichtig: Ein dort lebendes Volk erregt mit seinem überdurchschnittlich hohen Alter große Aufmerksamkeit. Ihr Geheimnis: Viele Marillen essen! Das Rosengewächs stammt ursprünglich aus Nordost-China und wir können uns glücklich schätzen, dass es sich auch in unseren Breiten so wohlfühlt.

Auch an der burgenländischen Marille kommen Genießer nicht vorbei, denn Sorten wie zum Beispiel 'Aurora' und 'Ungarische Beste' wachsen hier wie im Paradies. Eine Besonderheit trägt die Marille im Kern, nämlich den Samen, der aussieht wie eine kleine Mandel und ein dem Marzipan ähnliches Aroma aufweist.

Generationenobst

Der Kern mit seinem unvergleichlichen Aroma kommt bei der Herstellung des Amarettolikörs zum Einsatz. Ich verwende ihn manchmal auch zerstoßen zum Würzen von Süßspeisen.
Wer gerne Carotin zur Förderung der Sehkraft, Stärkung des Immunsystems oder zum Schutz der Haut vor UV-Strahlung tanken möchte, sich aber mit der Karotte nicht anfreunden kann, darf stattdessen zur Marille greifen. Ihre leuchtende orange Farbe beglaubigt ihren hohen Gehalt an Provitamin A. Sie ist auch reich an Pektin und hat damit einen hohen Nährwert. Ihr Fruchtzucker ist leicht verdaulich.
Ich bezeichne die Marille auch gerne scherzhaft als „Generationenobst", denn ihre Kieselsäure bekämpft die Pickel der Jugend und ihre Vitamine und Enzyme den Alterungsprozess, die Konzentrationsschwäche und Müdigkeit der Älteren.
Obwohl ich während der Marillenernte eine ziemlich große Menge an Früchten genascht habe, macht sich bei mir langsam Müdigkeit breit. Ich habe drei Kisten gefüllt. Das bedeutet, dass ich zwar keine 100, aber mit Sicherheit gute zwölf Kilogramm Marillen zu verarbeiten habe. Im Fall dieser sehr reifen Früchte duldet das keinen Aufschub. Ich gönne mir auf Einladung meiner Freundin eine kurze Pause bei Marillenkuchen und Kaffee und mache mich anschließend ans Werk. Letztlich beschließe ich, die Früchte aufzuteilen. Vier Kilogramm werden entsteint eingefroren, ein Kilogramm kommt entsteint und halbiert in den Dörrapparat, mit drei Kilogramm und viel Mohn wird meine Marmelade „Pechmarie" eingekocht und die restlichen vier Kilogramm werden gemeinsam mit den ersten reifen Tomaten zur mittlerweile viel gerühmten „Kamasutra" verarbeitet.
Es ist schon nach 22.00 Uhr, als ich die noch warmen Kostproben von „Pechmarie" und „Kamasutra" meiner Freundin Katharina mit einer kurzen Nachricht an die Tür hänge. „Bin auch ganz Marille!"

„Kamasutrasoße“

ZUTATEN

1 kg entsteinte Marillen
1 kg frische Tomaten
1 kg Gelierzucker
½ TL frische, gehackte Chilis
1 TL Kurkuma/Gelbwurz
1 TL gemahlener Koriander
1 TL Salz
1 TL Pfeffer
2 TL Kreuzkümmel

ZUBEREITUNG

1 Ich koche entsteinte Marillen und die gleiche Menge reife Tomaten gemeinsam langsam und unter ständigem Rühren auf. Von den Tomaten entferne ich übrigens nur den Stielansatz, aber nicht die Haut, weil sie meiner Meinung nach einen nicht unwesentlichen Teil zum vollen Geschmack beiträgt.

2 Nachdem ich die restlichen Zutaten, nämlich Gelierzucker, Chilis, Kurkuma, Koriander, Salz, Pfeffer und allen voran meinen geliebten Kreuzkümmel dazugegeben habe, lasse ich die Soße vier Minuten sprudelnd heiß kochen und fülle sie anschließend sofort in heiße, sterile Gläser.
Statt Gelierzucker bevorzuge ich persönlich übrigens trotz geringerer Haltbarkeit biologische Alternativen wie braunen Rohrzucker, Agar-Agar oder Apfelpektin.

Der Marmeladentopf wird in Wasser eingeweicht und die Küche muss warten, bis ich wieder fit bin, um sie wieder auf Hochglanz zu bringen. Morgen ist auch noch ein Tag, voraussichtlich ein wirklich heißer, und in Gedanken an diese Wetterprognose schlafe ich mit einem zufriedenen Lächeln und dem Duft von vor sich hin trocknenden Marillen ein.

Mein Tipp

Rühren Sie 200 Milliliter Kamasutrasoße in eine fertige Karottencremesuppe ein, denn damit zaubern Sie in die Gemüsesuppe ein unwiderstehliches exotisches Flair und jedem, der sie kostet, eine untrügliche Genießermiene ins Gesicht.

Die Sonnenblume

Und sie bewegt ihn doch! Nämlich die Sonnenblume ihren Kopf. Und zwar von Osten nach Westen. Das gelingt ihr, weil der Stängel an der Schattenseite etwas schneller wächst und sich somit der Blütenkopf dreht. Wundersamer Heliotropismus! Ist das nicht beeindruckend!
Wie so oft ist es auch bei den Sonnenblumen ihr Duft, der mich mitten ins Feld hineinlockt. Dort stehe ich ihnen dann von Angesicht zu Angesicht gegenüber. Kaum zu glauben, dass manche Ausnahmen bis zu sechs Meter und größer werden. Ich verweile zwischen ihren „Körbchenblüten". Mir fällt ein, gelesen zu haben, dass eine einzige oft aus über 150 000 Einzelblüten besteht. Auch die Anzahl der Kerne – bei einem großen Exemplar bis zu 1000 Stück – ist rekordverdächtig.
Bienen summen und sammeln geschäftig Nektar. Ein paar Sonnenblumen werden dazu auserkoren, meinem Grillfest beizuwohnen, und landen in meinem Korb. Jene, die für die Vase bestimmt sind, werden mit einem scharfen Messer abgeschnitten und die Schnittstellen zu Hause kurz in kochend heißes Wasser getaucht. Dieser kleine Trick macht die Sonnenblumen länger haltbar. Bis dahin gibt es noch ein wenig zu tun. Ich starte mit meiner „Anpetuwi"-Sonnenblumenblüten-Butter. „Anpetuwi" ist eines der indianischen Wörter für Sonne. Ein klangvoller, passender Name für meine Butter, wie ich finde, denn die Ölpflanze war den Inkas und Azteken als Nahrungs- und Heilmittel heilig und ihrem Sonnengott geweiht. Meine ganze Familie liebt die Sonnenblume: ihre Kerne im Pesto, über Müsli und Salat, im Brot oder geröstet als Knabbergebäck, das noch dazu für glänzendes Haar und feste Nägel sorgt. In der Küche meiner Mutter wird fast ausschließlich Sonnenblumenöl verwendet. Dabei ist ihr wahrscheinlich gar nicht so richtig bewusst, dass es den Cholesterinspiegel senken, Arteriosklerose und Paradentose vorbeugen und gleichzeitig Herz und Kreislauf stärken kann. Und wir lieben selbstverständlich alle ihre gelben Blüten, und das nicht nur in der Vase! Die leuchtenden Blüten gehören aufgrund ihres hübschen Erscheinungsbildes zu den sogenannten Schmuckdrogen und machen jede Teemischung auch für das Auge attraktiv. Ich schätze sie als Teeaufguss besonders zur Bekämpfung eines sommerlichen Infekts und zur Stärkung der Abwehrkräfte. Auch bei Blasenreizungen kann ich Tee aus Sonnenblumenblüten empfehlen.

„Anpetuwi"-Sonnblumenblüten-Butter

ZUTATEN

⅛ Butter
6 EL klein gehackte Sonnenblumenblüten
1 TL Senf
1 TL Salz
eine Prise Pfeffer
1 TL gehackte Chilifäden
je 1 EL Blüten von Ringelblumen und Dahlien
je 1 TL gehackte Blätter von Zitronenverbene, Thymian und Oregano
5 EL Sonnenblumenkerne
essbare Blütenblätter zum Verzieren

ZUBEREITUNG

1 Für das Grillfest wird ein Teil der Blüten über die Salate gestreut und der Rest kommt in die bunte Blütenbutter. Ich rühre klein gehackte Sonnenblumenblüten, dazu ein paar wenige Blütenblätter von Ringelblumen und Dahlien, Blätter von Zitronenverbene, Thymian und Oregano, Salz, Pfeffer, Senf und Chilifäden in weiche Butter ein.

2 Ist alles gut vermischt, werden Kugeln geformt, die ich dann in Sonnenblumenkernen wälze. Bis zum Gebrauch kommen sie in den Kühlschrank.

Die Erdmandel

Wie heißt es so schön: Für eine Nachspeise ist immer Platz! Die delikate, nach Haselnüssen und Mandeln schmeckende Erdmandel ist immer eine süße Sünde wert. Nicht zuletzt weil glutenfrei und leicht verdaulich wird die fast in Vergessenheit geratene Nordafrikanerin sowohl von kleinen als auch erwachsenen Naschkatzen immer öfter gelobt.
Bei uns röstete man die erbsengroßen, braunen Knollen bereits im 17. Jahrhundert wie Kaffee und verarbeitete sie zu einer Art Schokolade. Die hellgrünen, gräserartigen Laubblätter an der Oberfläche verraten nichts von den bis zu 1 500 Knöllchen, die unter der Erde an langen Ausläufern sitzen. Trotz der arbeitsintensiven Ernte und Säuberung verehre ich die Erdmandel als köstliche Nervennahrung und mag sie nicht zuletzt deshalb, weil sie durch ihre Ballaststoffe meine Heißhunger-Attacken gut im Zaum hält. Dazu esse ich Erdmandeln manchmal auch roh oder aber verarbeite sie auch gerne zu einer spanischen Ermandelmilch „horchata de chufas". Meine Nachspeise „Mandolina" enthält sämtliche Zutaten, die aus den gerösteten Knöllchen hergestellt werden: Erdmandelmehl, - milch,- creme und -flocken.

Erdmandeldessert „Mandolina"

ZUTATEN

ca. 200 g Erdmandelmehl
½ Becher Joghurt
½ Becher Topfen
3 EL Erdmandelcreme
3 EL Erdmandelmilch
1 kleine Packung Kekse (z. B. Amarettini)
Früchte der Saison oder Fruchtkompott
4 EL geröstete Erdmandelflocken

1 Erdmandelmehl mit Joghurt, Topfen, Erdmandelcreme und -milch anrühren. Die Hälfte der Masse gebe ich in die vorbereitete Dessertschüsselchen und lege zuerst zerbröselte Kekse und dann saisonales Obst darauf.

2 Anschließend bedecke ich alles mit dem restlichen Teil der Erdmandelmasse und bestreue jede Portion mit gerösteten Erdmandelflocken. Wenn alles noch für ein paar Stunden durchziehen darf.

Die Pfeffer-minze

„Kleines Wanderwunder“ Pfefferminz-Peeling und -Öl

Heute bin ich zu einem Fest eingeladen. Der Pianist meiner Jazzband „Serafina“ feiert Geburtstag. Mein ganzes Leben lang wünsche ich mir schon, auch im Sommer Geburtstag feiern zu können. Ich haderte mit meinem Festtag im Dezember, bis ich vor einigen Jahren das erste Mal die vier kältesten Monate am anderen Ende der Welt verbringen durfte. Und siehe da, in Neuseeland findet der Sommer im Dezember statt und mein Wunsch ging plötzlich unter dem Himmel der langen weißen Wolke mit einem unvergesslichen Fest am Südpazifischen Ozean in Erfüllung. Das Geburtstagsgeschenk für meinen wanderfreudigen Pianisten muss noch zubereitet werden. Ich arbeite mich durch mein „Einmachgläser-Dorf“ bis zum Pfefferminzöl vor.

Tausendundeine Minze

Die Frage „Was mache ich bloß mit so viel Minze?“ ist eine Herausforderung für meinen Erfindergeist. Es gibt unzählige Möglichkeiten sie köstlich und heilsam zu verarbeiten. Vom Ohrenöl – ein Rezept aus der Tudorzeit –, zu den Parfümkugeln – ein Rezept aus der Barockzeit – , bis hin zur irischen Minzepaste und den süßen Verführungen á la Schokominz-Blättchen, Likör und Sirup habe ich alle genüsslich ausprobiert. Als Hausmittel verwende ich allerdings ausschließlich die Echte Pfefferminze. Nur sie hat die beruhigende und gleichzeitig erfrischende, schmerzlindernde und entzündungshemmende Heilkraft.

ZUTATEN

ca. ¼ l Pfefferminz-Pflanzenöl
ca. 5–6 gehäufte EL Meersalz
15 Tropfen 100% rein ätherisches Pfefferminzöl

ZUBEREITUNG

1 Ich fülle das Pfefferminzöl abwechselnd mit grobem Meersalz in ein kleines Schraubglas. Um Duft und Wirkung zu verstärken gebe ich noch 15 Tropfen von einem 100% rein ätherischen Pfefferminzöl und binde ein hübsches Etikette samt Gebrauchsanweisung dazu:

Erst Füße waschen und trocken legen
dann die Sohlen bis zu den Waden
mit dem Minze-Peeling pflegen
das Salz lauwarm abspülen,
die Haut erneut trocknen
das Öl einmassieren
und etwas ruhen in warmen Socken

Die Gewitterhexe
beschenkt mich mit
Verschnaufpausen
und Geistesblitzen!
August

Der Himmel über den Leitha-Auen verwandelt sich in einen riesigen Rauchquarz mit grollenden Wolkendrachen im Schlepptau. Fünf Tage hintereinander präsentierte er sich nun schon in seiner opalblauen Robe als charmanter Gastgeber der glühend heißen Sonne. Ich habe den täglichen Auftritt der beiden mit meiner literarischen Apotheke am Flussufer genossen. Zwei Bücher, eine Tasche voller Flusssteine und drei Kräuterbuschen lang vergönnte ich mir eine Auszeit und jetzt stelle ich erfreut fest, dass ich mich mental und körperlich wieder fit fühle. Mit dem Wasser von sämtlichen Lasten frei gewaschen, von Leseabenteuern in England und Frankreich neu inspiriert und von der Sonne leidenschaftlich geküsst, breche ich erwartungsvoll auf. Vielleicht wird mein Kurzurlaub auch noch von einem Gewitter gekrönt.
Eine Böe hebt mein Kleid und unwillkürlich muss ich an die Gewitterhexe aus meinem Kinderbuch denken und schmunzeln. Ob meine Passion für Donner und Blitz daher rührt, weiß ich nicht, aber fest steht, dass ich mich für Gewitter seit meiner Kindheit begeistern kann. Gemeinsam mit meinem Vater stand ich damals am Fenster und beobachtete das dunkle Tosen. Wenn ein Blitz den Garten erhellte, zählten wir gemeinsam die Sekunden bis zum nächsten Donner. Grollte es kurz darauf laut und bedrohlich, sagte mein Vater: „Heute ist die Gewitterhexe aber wieder gut gelaunt!" So manchem Erwachsenen, der sich vor Gewitter fürchtet, habe ich schon ein Gewitter-Hexenbeserl geschenkt, mit Kräutern, die vor Donner und Blitz schützen sollen. Als ich die Haustür hinter mir schließe, öffnet sich der Wolkenvorhang für die Vorstellung der Regentropfen. Ein imposantes, theatralisches Schauspiel, das ich genieße, bis das Gewitter abzieht und wieder der Sonne die Himmelsbühne überlässt. Und das macht mich darauf aufmerksam, dass mein Gesicht und meine Schultern rot und heiß und sicher zu lange unter ihren Strahlen gelegen sind.

Die Hauswurz

Ich höre die Feuerwehrsirene und denke an einen Blitzschlag.
Und dann fällt mir die Landgüterverordnung von Karl dem Großen ein, der im Jahr 800 per Gesetz erließ, alle Häuser zum Schutz vor Blitzschlägen mit Hauswurz zu bepflanzen. Somit erklären sich die unzähligen Beinamen wie zum Beispiel „Donnerwurz“, „Donnersbart“ oder „Wetter- und Dachwurz“ von selbst.
Ich eile in den dampfenden Garten, um meine lieben Dickblattgewächse vor dem Ertrinken zu retten. Mit nassen Füßen sind nämlich die sonst so unkomplizierten „Immerlebenden“ zum Tode verurteilt. Die bunten Hauswurzen fühlen sich in jeder noch so kleinen Ritze wohl und begrünen dekorativ meine Flohmarkt-Milchkannen und Schöpflöffel. Die Vermehrung ist einfach und bringt Nachschub für die Hausapotheke. Man braucht die Ausleger nur mit dem Finger abzuknipsen und sie in ein wenig durchlässige Gartenerde zu stecken.
„Wer den Hauswurz hält in Ehren, kann so manche Übel verwehren“, so steht es schon in einem Kräuterbuch aus dem Jahr 1883. Wenn es darum geht, einen Insektenstich, eine Prellung oder Verbrennung rasch und unkompliziert zu lindern, ist Hauswurz genau richtig. Mit ihren kühlenden, schmerzstillenden und hautfreundlichen Eigenschaften werden sie in der Volksmedizin schon lange bei der Behandlung von Geschwüren, Verstauchungen oder leichten Ohrenentzündungen verwendet. Ich verwende dem der Aloe Vera ähnlichen Saft auch erfolgreich gegen Warzen.

Hauswurz-Gesichtsmaske

ZUTATEN

1 kleine Handvoll Hauswurzblätter
2 EL Topfen
1 TL Honig
1 TL Olivenöl (bei trockener Haut)
1 EL gehackte Tomaten (bei fettiger Haut)

ZUBEREITUNG

1 Eine Hauswurz-Gesichtsmaske tut meiner sonnenverbrannten Haut gut. Und so pflücke ich eine kleine Handvoll Blätter und gebe sie zusammen mit etwas Topfen und Honig und eventuell Olivenöl oder gehackten Tomaten, je nach Hauttyp, in den Mixer. Die Beigabe von Milchprodukten spendet der Haut zusätzlich Feuchtigkeit. Honig wirkt pflegend.

2 Am besten kann meine Haut die Wirkstoffe aufnehmen, wenn ich sie vorher mit einem Gesichtsbad vorbereite. Dazu zerkleinere ich ebenfalls ein paar Hauswurzblätter und gebe sie in kochendes Wasser. Der aufsteigende Dampf öffnet die Poren. Die Hauswurzmaske wird auf das getrocknete Gesicht und auf die Schultern verteilt und darf 20 Minuten lang einwirken, bevor sie mit lauwarmem Wasser vorsichtig abgespült wird.

Die Tomate

Der Wetterbericht hat auch für diese Woche jede Menge Gewitter angesagt. Des einen Leid, des anderen Freud. Während Bauern und Tomaten Gewitterregen gerade gar nicht ausstehen können, freue ich mich mit den Pilzen um die Wette. Eigentlich wollte ich mich auch sofort auf ein Pilzabenteuer begeben, denn bei diesem Wetter kann ich sie richtig wachsen hören, aber dann beschließe ich, mich doch zuerst um die Tomaten zu kümmern. Die Armen können Wasser von oben sowieso nicht leiden und der nächste Gewittersturm würde sicherlich die hochgebundenen, schwer mit reifen Früchten beladenen Pflanzen niederdrücken und die Haut vieler Tomaten zum Platzen bringen. Ich stelle rasch fest, dass ich mehrere Körbe brauche, um die Ernte ins Haus zu bringen. Was für eine bunte Pracht! Und wie treffend ist doch unsere heimische Bezeichnung für das Gemüse „Paradeiser", denn das Wort kommt vom uralten Namen „Paradiesapfel". Kaum zu glauben, dass die Pflanze einst wegen ihrer Blüten nur als Zierpflanze gezogen wurde und ihre Früchte als giftig galten. Das Thema Giftigkeit birgt zumindest einen wahren Kern. Immerhin handelt es sich um ein Nachtschattengewächs und vom Verzehr roher, unreifer Tomaten sollte man unbedingt Abstand halten. Zu einer Salsa oder Marmelade verkocht, schmecken aber auch die grünen Nachzügler im Herbst ausgezeichnet.

Ursprünglich in Südamerika beheimatet, waren die Früchte vor langer Zeit nicht größer als eine Kirsche. Heute beeindrucken sie mich mit einer unglaublichen Vielfalt an Formen, Farben und Geschmacksrichtungen. Und wer einmal damit begonnen hat, „bunte" Paradeiser zu ziehen, verfällt dieser Leidenschaft und probiert immer wieder neue Sorten.

Die Ernte ist eingebracht, die Geiztriebe sind entfernt und die unreifen Tomaten mit „Regenhäubchen" geschützt. Ich füttere die hungrigen Starkzehrer noch rasch mit Brennnesseljauche und würde mir eigentlich eine Pause wünschen, wären da nicht noch ... der erste Donner rollt heran. Die Gewitterhexe hat mich erhört und schenkt mir eine Verschnaufpause.

Die Tomaten warten geduldig. Für die Verarbeitung der riesigen Menge brauche ich jetzt noch ein paar Geistesblitze. Aus den Fleischtomaten und anderen größeren Exemplaren werde ich Ketchup und Pastasoße machen. Die Buschtomaten werde ich aufschneiden, leicht salzen und zum Trocknen auflegen. Die Chiliernte sollte auch verarbeitet werden und ich beschließe, sie gemeinsam mit einem Teil der Tomaten als scharfe Salsa einzukochen. Die Cocktailtomaten werde ich in Gläser füllen und mit einer heißen Essig-Gewürz-Mischung übergießen. „Eingelegte Paradiesapferl" sind begehrte Geschenke! Während ich die Vorgehensweise plane, knurrt mein Magen lautstark.

Gefüllte „Paradiesäpfel“

ZUTATEN

6 große Fleischtomaten (der obere Teil entfernt und das Fruchtfleisch ausgehöhlt)
ein Kaffeebecher Couscous
(mit ca. ¼ l heißem Wasser gedämpft)
1 Packung Ziegenkäse (zerbröselt)
1 Messerspitze gemahlene Muskatnuss
1 Prise Salz und Chiliflocken
1 TL Pfeffer
5–8 Basilikumblätter, fein gehackt

ZUBEREITUNG

1 Ich suche mir die schönsten, sonnengewärmten Früchte heraus und kümmere mich zuerst um unser paradiesisches Abendessen. Schon während ich die Tomaten in Hälften schneide, sie vom Stielansatz und den Kernen befreie, läuft mir das Wasser im Mund zusammen. Heute werde ich sie mit Couscous und Ziegenkäse füllen. Ich vermenge den gedämpften Hartweizengrieß mit bröseligem Ziegenkäse und würze die Mischung mit Chiliflocken, Muskatnuss, fein gehacktem Basilikum, Salz und Pfeffer.

2 Ich fülle die ausgehöhlten Tomaten schiebe sie auf einem Backblech ins vorgeheizte Rohr und lasse sie 20 Minuten bei 180 Grad schmoren.

Mein Tipp

Die Tomate ist eine hervorragende Heilpflanze. Ihre antioxidativen Eigenschaften unterstützen die Verdauung, eine Tomatenmaske lindert Hautirritationen und Akne: Dafür blanchiere, schäle und zerdrücke ich eine Tomate und mische etwas Honig und gehackte Zitronenmelisse darunter. Nach 15 Minuten Einwirkzeit darf man sich über einen gesunden, frischen Teint freuen.

Der Beifuß

Für die Kräuterweihe am 15. August machen die Kräuterhexe und der Stadtpfarrer heuer gemeinsame Sache. Das ist, wenn man einen Blick in die Vergangenheit wagt, angesichts vieler kirchlicher und gesellschaftlicher Tragödien nicht ganz selbstverständlich. Meine Irlandreisen haben mich gelehrt, das christliche Kreuz in den magischen, keltischen Zirkel zu integrieren. Das passt mir gut, und während also der Stadtpfarrer die Kräuter segnet, bereite ich mich auf das anschließende Kräuterbuschen-Binden vor. Ich entführe die Teilnehmer meines Workshops auf eine duftende Zeitreise, in der Kelten und Germanen ein Fest zu Ehren ihres Sonnengottes feierten, der rund um den Augustvollmond mit seiner Hitze auch den Pflanzen zusätzliche Kräfte verliehen haben soll.
Die Teilnehmerinnen des Kräuterworkshops haben beschlossen, die Anzahl der Pflanzen, für den Kräuterbuschen nicht traditionell sondern nach eigenem Gutdünken zu wählen. Ich selber habe mich nicht nur für die „Kraft der 9“, sondern für die Form eines kleinen Hexenbesens entschieden. Letzteres gilt für alle und ich teile 25 cm lange Holunder- und Haselnuss-Ästchen aus und zeige vor, wie die Pflanzen drum herum gebunden werden. In Österreich bildet laut Tradition meistens die Königskerze die Mittelpflanze eines Kräuterbuschens. In meinem ragt die Mutter aller Heilpflanzen, der Beifuss, über alle anderen hinaus.
Ich verwende mich gerne als Fürsprecherin für die heimische, magische Wildpflanze.

Ihre positive Wirkung auf die Füße ist seit langer Zeit bekannt und nach wie vor gilt sie im Brauchtum als Beschützerin für Wanderer und Reisende.

Nicht nur gut „bei Fuß“

Auch wenn ich die Pflanze nicht „bei Fuß“ angebunden verwende, möchte ich auf sie weder in der Küche noch in der Hausapotheke verzichten. Ich ernte sie für unterschiedliche Zwecke vom Frühling bis in den Herbst an sämtlichen Wegesrändern. Beifuß eignet sich gut zum Trocknen und gewinnt dabei auch noch an Würzkraft. In Omas Küche kam keine Gans und kein Schweinsbraten ohne Beifuß ins Rohr! Das Beifußöl, das ich bevorzugt mit den getrockneten, aromatischen Blütenständen ansetze, unterstützt außerdem meine Verdauung und die Funktion der Bauchspeicheldrüse. Ein Fußbad mit etwas Beifußtinktur kann sogar Erkältungen und Blasenentzündungen einbremsen. Bei Angespanntheit oder Einschlafproblemen hilft das Öl ebenso wie bei Muskelkater. Wenn auch Schwangeren abzuraten, kümmert sich Beifuß in Form von Tee bestens um so manche Frauenprobleme wie Perioden- und Wechseljahrbeschwerden.
Räuchern mit Beifuß ist für mich ebenfalls etwas Besonderes. Ich verbrenne ihn getrocknet in Form von Kegeln oder Zigarren bevor ich eine längere Reise antrete oder genieße eine Moxa-Behandlung nach TCM zur Stärkung meines Immunsytems.

„Schweinsbraten-Schmier“

ZUTATEN

3 Knoblauchzehen
Eine gehäufte Hand voll getrocknete (oder etwas mehr frische) Beifussblätter, Knospen und Samen
¼ kg Schmalz
1 EL edelsüsses Paprikapulver
1 TL getrockneter Thymian
1 Messerspitze Pfeffer
1 EL Salz

ZUBEREITUNG

1 Ich schwitze zerdrückte Knoblauchzehen mit einer Handvoll frischer oder getrockneter Beifußblätter, Knospen und auch Samen in ¼ Kilogramm Schmalz an. Dann rühre ich Paprikapulver, Pfeffer, Salz und etwas Thymian ein.

2 Die Schweinsbraten-Schmier soll Nachtruhe halten und gut durchziehen, bevor ich sie nochmals erwärme und durchrühre und dann in Gläser fülle. So kann sie durchaus mehrere Monate im Kühlschrank aufbewahrt werden.

Mein Tipp

Ein zusammengerolltes Beifußblatt kann Nasenbluten stoppen!

Die Brombeere

„Die Brombeeren im Paradies sind reif!", lese ich in meiner SMS.
Im „Paradies", dem riesigen Obstgarten von Walter werde ich schon erwartet.
Bevor wir uns auf die Brombeeren stürzen, gehe ich Franz, „dem Knecht", wie er sich selbst schmunzelnd nennt, beim Füttern der Hasen und Enten zur Hand. Und dann befreien wir die Brombeerhecken von einem guten Teil ihrer süßen Last. Ja, dieses Fleckchen Erde hat sich wirklich die Bezeichnung „Paradies" verdient. Die Beeren hängen mir förmlich in den Mund und ich muss mich sehr bemühen, nicht alle genau dort verschwinden zu lassen. Köstliche Vitamine und Mineralstoffe vereint zu saftigen „Seelenstreichlern", die noch dazu meine Zellen schützen, die Sehkraft stärken und Verdauung und Stoffwechsel unterstützen können. Jede Beere zählt. Wir pflücken uns durch das Dickicht an Blättern, Ranken und Früchten und ich bin dankbar, dass die Sorten hier im Paradies nicht so gut mit Dornen bestückt sind wie die Wildfrüchte im Wald.
Auf der gegenüberliegenden Seite der Brombeerhecke taucht ein Asia-Hut auf. Franz hat sich ebenfalls mit einem Körbchen zu uns gesellt. Seinen sonnengelben Sarong zieren schon bald ein paar dunkle Brombeerflecken. Die letzte Pflücketappe wird von Reiseberichten aus Thailand begleitet. Und während in mir der erste vage Urlaubsplan reift, haben wir gemeinsam acht Körbchen mit himmlisch duftenden Brombeeren gefüllt. Ich pflücke noch rasch ein paar Brombeerblätter und bedanke mich.
Die fermentierten Brombeerblätter eignen sich gut als Basis für eine Hausteemischung. Brombeerblättertee „solo" brauche ich meistens dann, wenn ich beim Zahnarzt war, denn seine zusammenziehende und beruhigende Wirkung heilt verletzte Mundschleimhäute. Eine Spülung mit lauwarmem Tee, einige Stunden nach der Behandlung, zieht die Wunde zusammen und lässt sie rasch abheilen.
Immer diese Entscheidungen! Brombeeren süß oder pikant? Ich liebe die Abwechslung und da es sich mit jeweils zwei Kilogramm gut arbeiten lässt, fülle ich eine Stunde später zwölf Gläser mit einer unwiderstehlichen Brombeer-Kakao-Chilimarmelade, lege weitere zwei Kilogramm mit einer Zimtstange und drei Kardamomkapseln in Wodka ein und fülle schließlich mit den restlichen Brombeeren ein letztes Mal den Einkochtopf für die Steaksoße.

Brombeer-Steaksoße „Aus dem Paradies“

ZUTATEN

1 kg Brombeeren
½ kg Gelierzucker
4 Wacholderbeeren
1 cm frisch geriebene Ingwerwurzel
2 EL gemahlener schwarzer Pfeffer
1 EL Chiliflocken
je eine Prise gemahlener Zimt und Gewürznelken
1/16 l Portwein

ZUBEREITUNG

1 Zunächst werden die Brombeeren gequetscht und langsam erwärmt, bevor ich den Gelierzucker, zerdrückte Wacholderbeeren, geriebenen Ingwer und eine wagemutige Menge an schwarzem Pfeffer und Chiliflocken dazugebe. Abgeschmeckt wird mit etwas Zimt und Gewürznelken.

2 Nachdem die Soße vier Minuten heiß gesprudelt hat, nehme ich den Topf vom Herd und kröne die Soße mit einem Schuss Portwein.

Ein Glas ist nur halb voll geworden. Ein Zeichen! Es bedeutet, dass ich morgen den Grill anheizen und ein paar saftige Steaks darauflegen werde. Die Brombeer-Steaksoße will ja stilgerecht verkostet werden. Und wenn alles gut geht, schickt mir die Wetterhexe zur Nachspeise noch ein kleines Gewitter!

Mein Tipp

Brombeerblätter-Tee „solo“ brauche ich meistens dann, wenn ich beim Zahnarzt war, denn seine zusammenziehende und beruhigende Wirkung heilt verletzte Mundschleimhäute.

Manches ist einfach
eine reine Frauensache!
September

Argwöhnisch, fast beleidigt mustere ich den Kalender: 1. September! Irgendwie hoffe ich jedes Jahr, dass er sich verspätet, irgendwo länger bleibt oder womöglich gar nicht kommt. Aber irgendwie hat er mich dann doch jedes Mal rumgekriegt. Jedenfalls tanzt der September heute ungeniert durch meinen Garten. Wenn er mich zum Lachen und Tanzen bringen will, muss er mir schon mehr bieten als nasses Gras. Ein umwerfender Altweibersommer wäre zum Beispiel ein gutes Angebot. Ich hülle mich schmollend in meinen Bademantel und überlege mir Strategien, wie ich mit dem Verlust des Sommers am besten zurechtkomme. Soll ich mich in Arbeit stürzen? Das wird nicht lange auf sich warten lassen, denn schon vor dem Schulstart haben sich einige Klassen bei mir für Kräuterwerkstätten angemeldet. Die Produktion meiner Kinder-CD verlangt ebenfalls einen baldigen Abschluss und einen Titel! Doch plötzlich taucht das Waldviertel vor meinem geistigen Auge auf und ich weiß, was zu tun ist: Ich buche ein Zimmer am Klosterberg. Entschleunigen, Luftschnappen, Heilfasten, ganz mit mir allein! Eine reine Frauensache!

Die Ringelblume

Die Aussicht auf meine Auszeit im Waldviertel versöhnt mich mit den kürzer werdenden Tagen. Der „Frauendreißiger" wirft sich tatsächlich bis zum 15. September täglich in Schale. Kein Tag vergeht ohne Sonnenschein, und als würde er um meine Freundschaft buhlen, beschenkt mich „Sir September" großzügig mit dem Besten, was ein Altweibersommer zu bieten hat.

In vielen gelb-orangefarbigen Schattierungen, mit einfachen oder gefüllten Blütenkörbchen, leuchtet die Ringelblume über viele Monate noch bis zu den ersten Frösten in meinem Garten. Eine alte Sage erzählt von der Liebe eines Mädchens zum Sonnengott Apollo. Seine Strahlen sollen das Mädchen schmelzen und an ihrer Stelle eine sonnengelbe Ringelblume erblühen haben lassen. Sie verstreut ihre Samen großzügig und sorgt so für einen üppigen Nachwuchs im nächsten Jahr. Die geringelte Form der Samen gibt der heimischen, einjährigen Allrounderin übrigens ihren Namen.

Den Schulkindern, die sich heute für einen Pflanzenworkshop im Kinder-Kräutergarten eingefunden haben, ist die Behaarung und Klebrigkeit der duftenden Blätter sofort aufgefallen. Eine gute Möglichkeit, den Kindern das Thema Mischkultur nahezubringen, bei dem der Duft von Pflanzen eine wichtige Rolle spielt. Ob ihnen ein Beet nur mit gleichen Gemüsesorten oder ein bunt gemischtes Beet mit verschiedenen Gemüse- und Blumensorten besser gefällt, frage ich sie. Bunt gewinnt und somit auch die Mischkultur. Die Königin in einem solchen Beet ist für mich die Ringelblume. Nicht zuletzt aufgrund ihres typischen Duftes zieht sie Nützlinge an und wimmelt mit ihren Wurzeln Schädlinge ab.

Beim Bericht über die Heilkräfte der Ringelblume muss ich mich einbremsen, um die Kinder mit der Auflistung der vielen Anwendungsmöglichkeiten in der Hausapotheke nicht zu überfordern. Ich reiche einen Tiegel mit Ringelblumensalbe herum und lasse die Kinder die Salbe probieren, während ich ein paar ihrer wertvollen Eigenschaften aufzähle. Die Salbe, aber auch Waschungen mit Tee oder ein Heilöl aus den Blüten können kleine Schnittwunden, Schürfwunden und rissige Hände heilen, weil die Wirkstoffe in ihren Blütenblättern zum Beispiel Entzündungen und Bakterien entgegenwirken. Und trotzdem sind ihre Inhaltsstoffe so mild, dass sie besonders für die Behandlung von Baby- und Kinderhaut bestens geeignet ist. Liebevoll pflücken die Kinder die Blumen, zupfen gewissenhaft die Blütenblätter einzeln ab und breiten diese dann auf Packpapier zum Trocknen aus.

Ringelblumen-Kräuterseife

ZUTATEN

1 Handvoll Seifenflocken
(am besten von duftneutralen Seifenresten)
2 TL getrocknete Ringelblumenblüten
je 1 TL getrocknete Lavendel- und Käsepappelblüten
je 1 TL Ringelblumenöl und Honig
einige EL Wasser

ZUBEREITUNG

1 Zuerst reibe ich mit den Kindern Seifenreste zu Seifenflocken. Die Flocken werden mit je einer kleinen Menge getrockneter Ringelblumen-, Lavendel- und Käsepappelblüten vermischt. Für die richtige Konsistenz geben wir ein paar Tropfen Wasser, etwas Honig und ein paar Tropfen Ringelblumenöl dazu und formen daraus Kugeln. Die Blüten färben die Seifen. Duft steigt auf und löst bei den Kindern Begeisterung aus. Die fertigen Kräuterseifenkugeln werden in Muffinförmchen aus Papier zum Trocknen gelegt.

2 Beim zweiten Durchgang kneten wir die Seifenflocken und Kräuter zu einem Teig, walken ihn platt und stechen Herzen und Blumen aus. Alle sind sich einig, dass die Seifenkugeln und -kekse viel zu schön sind, um sie zum Waschen zu verwenden. Die Buben beschließen, ihre Werkstücke den Müttern zu schenken. „Seifen sind Mädchensache", beteuern sie und runzeln bedeutungsvoll ihre Stirn.

Mein Tipp

Kinder lieben Blütentattoos. Ich streiche etwas Ringelblumensalbe oder eine andere fetthaltige Creme auf eine Hautstelle und „klebe" einzelne Blütenblätter in Mustern darauf. Ringelblumenblüten eignen sich dazu hervorragend!

Roter Wiesenklee

Ich wühle in meiner Irlandkiste und schwelge in Erinnerungen. Obwohl ich wirklich viele Male durch Irland, das Land des Kleeblatts, gereist bin, habe ich nie ein vierblättriges Exemplar gefunden – allerdings ganz viel Glück und dazu immer ein Stückchen Ich! Die Heilige Pflanze der Druiden ist überall auf der grünen Insel spürbar. Nach einer keltischen Legende wurde sie von der Göttin Ceridween auf die Erde gebracht und dort, wo sie ihren Fuß hinsetzte, begannen Klee und Glück zu blühen.

Ich erinnere mich auch an die unzähligen Kleeblüten, die bei einer heidnischen Wicca-Hochzeit vor die Füße der Braut gestreut wurden – und auch an die mit Klee übersäten Liegewiesen in unserem Freibad. Der Schmerz, wenn einer von uns auf eine Biene getreten ist, wurde am raschesten durch das Auflegen einer zerquetschten Kleeblüte gelindert.

„Cerridween"-Brustöl

ZUTATEN

„Cerridween"-Brustöl
¼ l Mandelöl
Eine kleine Handvoll Rotkleeblüten
10 Blätter Frauenmantel
3 Stängel Pfefferminze
3 Löwenzahnblüten samt Stängel
3 Löwenzahnblätter
Je 5 Tropfen 100 reines, ätherisches Öl von Grapefruit und Zypresse
(die Hautverträglichkeit der ätherischen Öle vorher mit 1 Tropfen am Puls testen)

ZUBEREITUNG

1 Ich hole mir Rotkleeblüten und andere Kräuter von einer nahe gelegenen, unbelasteten Wiese und Pfefferminze aus dem Garten und fülle ein ½ Liter Glas bis zu zwei Drittel mit den Pflanzen.

2 Mit gutem Mandelöl übergossen stelle ich das Glas in ein Wasserbad und lasse die Zutaten 15 Minuten köcheln. Der ausgekühlte Ansatz verweilt verschlossen für maximal drei Tage an einen warmen Ort, bevor der Inhalt durch einen Papierfilter abgeseiht, mit einigen Tropfen ätherischen Öls von Zypresse und Grapefruit versetzt und in dunkle Fläschchen gefüllt wird. Eines davon wandert sofort in meine Kosmetiktasche.

Der Mönchspfeffer

Meine Koffer sind gepackt und endlich bin ich auf dem Weg zu meinem etwas anderen Urlaub ins Waldviertel. Ich habe vor, mir wieder einmal „nichts“ zu gönnen, und schon der Gedanke an das, was mich in den nächsten zehn Tagen erwartet, macht mich fröhlich und ruhig. Mein Stresslevel sinkt schon beim Betreten des Hauses, und nach der ersten Tasse Tee ruhe ich schon fast wieder ganz in mir.
Heilfasten verleiht Flügel. Ich weiß es, denn ich schenke mir diese Auszeit bereits zum fünften Mal. Mit jedem Tag ohne feste Nahrung steigen meine Gelassenheit und meine Sinneswahrnehmungen, und mein Blick schärft sich für das Wesentliche.
Die wärmende Septembersonne auf der Terrasse und das abendliche prasselnde Kaminfeuer im Empfangsraum ziehen uns alle in den Bann. Ausgestattet mit Teetassen und eingehüllt in Bademäntel kuscheln sich die Teilnehmer des Heilfastenkurses in die Sessel. Aus ungezwungenem Geplauder entsteht im Laufe der Zeit ein reger Austausch an Erfahrungen, und als eines Abends das Thema Frauenleiden dran ist, fällt mir meine Teemischung mit Mönchspfeffer ein. Die Damenrunde ist ganz Ohr.

Hüter der Hormone

Meiner Meinung nach gehört der Mönchspfeffer zu den besten Frauenkräutern, die es bei uns gibt. Ich bezeichne ihn gerne als „Hüter der Hormone“. Er passt auf, dass sie nicht zu sehr durcheinandergeraten. Seine Inhaltsstoffe haben eine hormonartige Wirkung, die das gestörte Gleichgewicht wiederherstellen.

Die rotschwarze Frucht des bis zu sechs Meter hohen Strauches riecht aromatisch, schmeckt aber leicht scharf und erinnert daher an Pfeffer. Die Verwendung im Altertum verhalf der Pflanze zu ihrem Namen. Mönche und Nonnen aßen damals die Früchte, um das zölibatäre Leben leichter ertragen zu können. Doch schon bald machte man die Entdeckung, dass die „falsche Dosis“ auch genau das Gegenteil bewirken konnte. Als Heilpflanze fanden die Früchte der Pflanze in Form von Sitzbädern bei Beschwerden der Gebärmutter Anwendung.
Die Wirkung der hormonregulierenden Inhaltsstoffe von Mönchspfeffer ist bis heute unumstritten. Frauen verschiedener Altersstufen verdanken der Pflanze regelmäßigere Menstruationszyklen, Verbesserung der prämenstruellen Beschwerden (PMS), inklusive der lästigen Stimmungsschwankungen. Kranke oder bereits schwangere Frauen und Mütter in der Abstillphase sollten dagegen auf Mönchspfeffer verzichten.

Beerenstark

Mein Mönchspfefferstrauch hat ursprünglich seinen Platz in meinem Garten bekommen, weil ich seine violetten Blütenrispen so hübsch fand. Erst nachdem mir eine liebe Freundin ihr ewiges Leid mit dem PMS-Problem klagte, begann ich mit dem Sammeln der Beeren. Für meine Freundin stellte ich damals eine Teemischung zusammen, auf die sie nach wie vor große Stücke hält.

„Woman-Tea“

ZUTATEN

1 Tasse Mönchspfeffer-Früchte
½ Tasse Frauenmantel
½ Tasse Rotklee
½ Tasse Rosenblüten
Die Zutaten für diesen „Woman-Tee“ bekommt „frau“ auch in jeder Apotheke.

ZUBEREITUNG

1 Ich mische zwei Teile Mönchspfeffer mit jeweils einem Teil Frauenmantel, einem Teil Rotklee und einem Teil Rosenblütenblätter oder -knospen. Für eine Tasse Woman-Tea überbrühe ich einen gehäuften Teelöffel der Pflanzenmischung mit ¼ Liter siedend heißem Wasser und lasse sie zehn Minuten lang ziehen.

2 Ich bewahre meine Tees in Papiersäckchen auf. Vom Woman-Tea fülle ich aber immer mehr als die Hälfte der Menge in hübsche Zellophansäckchen, die ich dann mit Bändern und Sprüchen schmücke, um sie bei Bedarf lieben Frauen zu schenken.

Mein Tipp

Damit der Mönchspfeffer seine Wirkung entfalten kann, muss er allerdings über einen längeren Zeitraum – am besten über drei Zyklen – in Form von Tee aus den im Herbst geernteten Früchten oder auch in Form von Fertigpräparaten aus der Apotheke eingenommen werden.

Die Schafgarbe

Hildegard, die Seele des Hauses, führt unsere Fastengruppe heute zur „Wunschkapelle". Später löffle ich ziemlich erschöpft aber rundherum glücklich, langsam und andächtig meine Fastensuppe und fühle, wie sich die wohltuende Wärme in meinem Körper ausbreitet. Sie tut ganz besonders meinem Magen gut, der sich heute, am 5. Tag, wie es scheint, nicht mehr nur mit Tee und Wasser zufrieden geben möchte und sich etwas flau anfühlt. Aber für diesen Fall habe ich vorgesorgt. Ich nehme mir eine Tasse Schafgarbentee mit auf mein Zimmer und entspanne mich mit meinem beruhigenden „Hildegard-Kissen". Es ist mit den Gaben des Waldviertels gefüllt.

Die Idee für die spezielle Füllung kam mir nach meinem ersten Fastenerlebnis. Hauptbestandteil ist die getrocknete und zerkleinerte Schafgarbenblüte, die hier im Waldviertel häufig auch ein zartrosa Kleid trägt. Ich liebe ihren herben, aromatischen Duft. Mit ihm kann ich mir jederzeit die einzigartigen Momente meiner Auszeit in Erinnerung rufen. Und ganz abgesehen davon lindert es mein Unwohlsein im Bauch- und Magenbereich. In manchen Gegenden in Österreich kennt man daher die Schafgarbe auch unter der Bezeichnung „Bauchwehkraut".

Die genügsame, widerstandsfähige Heilpflanze wächst auf unseren heimischen, trockenen Wiesen. Den deutschen Namen bekam sie, weil sie zu den Lieblingsspeisen der dort weidenden Schafe zählt.

Ich verwende Blütenköpfe und Blätter für Teemischungen, Tinkturen, Salben, Medizinwein und süßen Sirup und sammle diese von Juni bis Anfang Oktober und - so wie alle anderen Kräuter auch- nach Möglichkeit bei zunehmendem Mond.

Das Kraut kann auf eine sehr lange Karriere als geschätztes, blutstillendes Mittel verweisen. Es war die Göttin Aphrodite, die dem griechischen Helden Achilles, seine blutende Ferse mit „Achillea millefolium" versorgte. In Kriegen diente die „Soldatenpflanze" oft als erster Schnellverband und auch heute noch werden ihre antiseptischen und Blut stillende Kräfte genutzt.

Die bemerkenswerte, von mir sehr geschätzte Hildegard von Bingen, die wahrscheinlich genialste Frau des Mittelalters, verwendete Schafgarbe zur Heilung von Wunden in Form von warmen Umschlägen. Zur Heilung von inneren Verletzungen empfahl sie pulverisierte Schafgarbe in Wasser oder warmem Wein zu trinken.

Der poetische Name „Augenbraue der Venus" ist der Frauenpflanze Schafgarbe wie auf den Leib geschnitten und begründet sich in der Ähnlichkeit ihrer fein ziselierten Blätter mit Augenbrauen. Um der Bezeichnung „Frauenpflanze" auf den Grund zu gehen, muss man sich bloß die beinahe unendlich lange Liste an sogenannten Frauenleiden und deren Linderung durch die Schafgarbe ansehen:

- Bei Akne kann eine Kompresse mit Schafgarbe helfen.
- Schafgarbe kann den Kreislauf stabilisieren und Beschwerden bei Krampfadern und geschwollenen Füßen lindern.
- Ein Sitzbad in einem starken Tee aus „Jungfernkraut" kann die Regelmäßigkeit der Menstruation unterstützen, Krämpfe im Unterbauch erleichtern

Mein Tipp

Für ein „Hildegard"-Kissen mische ich zwei Hände voll getrocknete und zerkleinerte Schafgarbenblüten und -blätter, eine Handvoll Mohn, eine Handvoll Dinkel, eine Handvoll Heu und fülle alles in eine Kissenhülle mit abwaschbarem Bezug.

und als „ Herrgotts-Ruckkraut" sogar Rückenschmerzen mildern.

- Eine Teekur regt die Nieren- und Lebertätigkeit an und schwemmt Giftstoffe aus dem Körper, weshalb die Schafgarbe nicht zuletzt auch bei meiner Fastenkur sehr nützlich ist.

Ende der Auszeit

Nach zwei Stunden Ruhe haben Tee und Kräuterkissen auch meinen Magen beruhigt und ich kann mich der Pflege meines Körpers in der Sauna widmen. Selbst Tage ohne Essen vergehen wie im Flug. Und auf einmal finden wir uns alle am geschmückten Frühstückstisch zum „Fastenbrechen" ein! Mit Sehnsucht und Freude kaue ich den Apfel, das erste Essen nach so langer Zeit, mit Hingabe und Genuss. Letzteres hat eine neue Bedeutung bekommen. Ich fühle mich nicht nur von unnötigen Kilos befreit, sondern auch von so manchem anderen Ballast. Dankbar durfte ich ihn am letzten Tag am Fuße des sogenannten Fastensteins abwerfen und an der rauen, aber mit Schwingungen durchzogenen Haut des Granitblocks Kraft für die kommende Zeit im Alltag tanken. Aufbruchstimmung! Augen strahlen, Gesichter lachen! Umarmungen und Adressen werden ausgetauscht!

Ich bitte eine kleine Damenrunde zu einem Abschiedsorakel. Wie damals die Druiden werfe ich eine Handvoll Schafgarbenstängel wie Mikadostäbchen auf einen Tisch und fordere die Frauen augenzwinkernd auf, ihre Zukunft daraus zu lesen. Sie befinden sich kurzzeitig in einem wahren Wahrsagerausch. Ob die neuen Ernährungsstrategien umgesetzt und der innere Schweinehund in Zaum gehalten werden kann, steht weiterhin in den Sternen.

Auch ich trete nun den Heimweg an. Mein Abstecher durch das „Sonnentor" setzt einen herrlichen Schlusspunkt hinter meinen Auszeit-Urlaub.

Ich packe gerne
alles an der Wurzel an!

Oktober

Die Teilnehmerliste für meine letzte Kräuterwanderung im Jahr ist voll. Im Naturpark Rosalia-Kogelberg ist es traumhaft schön, wenn die Sonne durch das Weinlaub strahlt und die Obstbäume mit saftigen Früchten und buntem Laub prahlen. Ich teile die Zutaten und Utensilien für meine Schaurezepte und Verkostungen auf Körbe auf. Vor Beginn der Kräuterwanderung werden sie in der Landschaft „versteckt". Meine Gäste lieben es, wenn ich bei den einzelnen Stationen die gefüllten Körbe hinter Hecken hervorzaubere und sie an Ort und Stelle zum Rühren und Naschen einlade.

Ich habe den Weg durch den Naturpark so gewählt, dass ich auch an den Nistkästen der Zwergohreule vorbeikomme. Ich nutze die Möglichkeit, um auf das geschützte Tier, welches gleichzeitig das Wahrzeichen des Naturparks ist, aufmerksam zu machen. Unsere Bürgerinitiative „Wir haben´s eulig", die sich wie ich für den Gesamterhalt des Natura 2000 Schutzgebietes einsetzt, wird dabei dankenswerter Weise immer wieder von Teilnehmern der Kräuterveranstaltungen unterstützt.

Auch an diesem tatsächlich „goldenem Oktober-Sonntag" starte ich meine Kräuterwanderung mit einleitenden Worten zu den Besonderheiten und Bedrohungen im Naturpark. Meine kurze Geschichte über die kleine Eule „Lilli Zwergohr", die mithilfe der Beinwellwurzel ihren verstauchten Fuß kurieren konnte, stimmt meine Gäste literarisch ein, bringt sie zum Schmunzeln und bereitet sie ganz nebenbei auf das eigentliche Hauptthema vor. Neben den kulinarischen und heilkräftigen Attraktionen der Herbstfrüchte werde ich mich vor allem den vielfältigen Eigenschaften und Verwendungsmöglichkeiten von Wurzeln widmen.

Sowohl für gesundheitliche Beschwerden als auch für Pflanzen gilt: Ich packe gerne alles an der Wurzel an!

Der Beinwell

Herbstzeit ist Wurzelzeit! Die Pflanzen, die im Frühjahr ihre Energie in die frischen Triebe und Blätter steckten und im Sommer mit Tatendrang die Knospen zum Erblühen und Duften brachten, ziehen sich im Herbst in die schützende Erde zurück. Jetzt steckt ihre ganze Kraft bis zum zeitigen Frühjahr in ihren Wurzeln. Das gilt auch für den Beinwell. Mit einem ordentlichen Spaten und manchmal etwas Aufwand können die Wurzeln bis zum Frost geerntet werden.

Das kleine Auwäldchen im Naturpark bietet eine malerische Kulisse für die erste Station. Ich sammle meine Gruppe um ein paar herrliche Beinwell-Exemplare.

Dort wo es feucht und schattig ist,gedeiht die heimische Heilpflanze am besten. Als Mitglied der Raublattgewächse gehört der Beinwell rein äußerlich zu den rauen Gesellen. Seine Blätter sind behaart, aber die ganz jungen, zarten Exemplare verwende ich trotzdem aufgrund ihres Gurkenaromas gerne als Salatbeigabe. Vor einigen Jahrzehnten gab es in manchen Bundesländern für Beinwellblätter auch noch eine ganz andere Verwendung: Sie wurden dem Tabak beigemischt.

Als Heilpflanze hält der Beinwell, was sein Name verspricht: Er macht seit Jahrhunderten die Gebeine wieder heil. Speziell die Wirkstoffe der Beinwellwurzel, regen die Zellerneuerung an und können in erster Linie äußerlich die Wundheilung fördern und Schmerzen und Schwellung lindern. Arthritis- und Arthrose-Geplagte schwören häufig auf Einreibungen mit Beinwellsalbe.

Sportlotion

ZUTATEN

100 ml neutrale, dickflüssige Körpermilch
3 EL Beinwelltinktur
20 Tropfen 100% rein ätherisches Weihrauch-Öl
1 dunkle Glasflasche

ZUBEREITUNG

Ich vermische die Körpermilch mit Beinwelltinktur und dem ätherischen Öl und schüttle die Zutaten durch bis sie sich mit der Körpermilch gut verbunden haben. Die Sportlotion, zu verwenden bei Verstauchungen, Zerrungen, Verrenkungen oder Tennisarm, ist im Handumdrehen fertig und kühl gelagert bis zu 4 Monate haltbar.

Mein Tipp

Beinwellblätter mit Regenwasser als mineralstoffreiche Jauche aufbereitet, stärkt die Widerstandskräfte der Pflanzen.

Der Kren

Unsere Kräuterwanderung führt uns entlang von Feldwegen, an deren Rändern Schafgarbe und Wegwarte einträchtig ihre Blütenköpfe der Herbstsonne zuwenden. Aber wer wirft hier einen langen Schatten auf die Wiesenbewohner? Es ist der Kren, der ebenfalls seine großen Blätter dem Himmel entgegenstreckt.

Genau hier klappe ich meinen Tisch auf und stelle einen weiteren Korb mit Lebensmitteln und Küchenutensilien darauf. Als ich auch noch einen Spaten schwinge und ihn mit Wucht zwischen die Blätter stoße, macht sich Neugierde breit. „Ich steche uns eine frische Krenwurzel!" Auf meine Erklärung folgt ein gemeinschaftliches „Aha!" Nach einem kurzen Kampf mit der Pfahlwurzel gehe ich schließlich als Gewinnerin hervor und halte den Kren triumphierend in die Höhe.

„Das ist einer der besten Virenkiller, Nackenentspanner und Vampirjäger in einer Wurzel! Meine Damen und Herren, der Meerrettich, besser bekannt als Kren!" Diese Präsentation ist meinen Gästen einen Applaus wert.

Der wahrscheinlich aus Südrussland stammende Kren wird schon seit der Antike genutzt und wurde bei uns schon früh und gern in Bauern- und Klostergärten kultiviert. Doch so sehr ich die scharfe Wurzel mag, aus meinem Garten hab ich sie ausquartiert, weil sie sich zu gerne ausbreitet und viel Platz braucht. Aber wie man im Rahmen meiner Kräuterwanderungen sieht, wächst Kren in großer Zahl wild auch vor der Gartentür und kann, bevor der Boden gefriert, gestochen werden.

Krenwurzeln enthalten viel mehr Vitamin C als beispielsweise eine Zitrone. In Zeiten von Husten und Erkältungen schützt er deshalb auch bestens vor Viren und Bakterien. Um die Wurzel griffbereit zu haben, lagere ich sie in Sand eingeschlagen in meinem Erdkeller ein. Frisch gerieben wird er sowohl auf Insektenstiche als auch bei Verspannungen im Schulter- und Nackenbereich aufgelegt.

Verstopfte Nasen und dumpfe Kopfschmerzen halten sich im Dunstkreis von Kren nicht sehr lange. Oft werden sie allein durch das Einatmen seines ziemlich stechenden Duftes vertrieben.

Die altbewährten sogenannten „Kren-Kettchen", Krenstückchen, die man auf einen Faden aufgereiht Kindern über Nacht um den Hals gelegt hat, erfreuen sich neuerdings wieder zunehmender Beliebtheit. Hatte der Kren früher die Aufgabe, Vampire und Viren gleichermaßen von den Kindern fernzuhalten, so sorgt er heutzutage für mehr Wohlbefinden bei Erkältungskrankheiten.

Niemals ohne ...

Wer die traditionelle Burgenländische Küche kennt, weiß, dass sie nicht ohne Kren auskommt. So sicher, wie im Burgenländischen Hochzeitsbrauchtum der Rosmarin am Anzugsrevers prangt, wird beim Hochzeitsessen Apfel- und Semmelkren zum Tafelspitz serviert.

Grundbirn-Kren

„Grundbirn“, ein Wort, das ich von meiner Oma kenne, ist eine alte Bezeichnung für Erdäpfel oder Kartoffeln und die Grundlage für das einfache Gericht. Eigentlich habe ich es „erfunden“, als ich warme, gekochte Erdäpfel mit frischem Kren für eine wärmende, entspannende Schulterauflage vermischte und ein wenig davon kostete.

ZUTATEN

4 gekochte, geschälte Erdäpfel
2 EL Frischkäse
4–5 EL frisch gerissener Kren
1 TL Senf
je eine Prise Salz und Pfeffer
1 Blunzen oder Blutwurst

ZUBEREITUNG

1 Ich schäle die Erdäpfel, zerdrücke sie mit der Gabel in der Schüssel und rühre ein paar Löffel Frischkäse unter.

2 Zum Schluss wird der frische Kren unter die zerdrückten Erdäpfel gemischt und mit etwas Senf, Salz und Pfeffer abgeschmeckt.
Die Grundbirn-Kren esse ich am liebsten zu Blunzen, zu Deutsch Blutwurst. Sie wird in Stücke geschnitten und auf jedes Stück kommt ein Löffel Grundbirn-Kren darauf.

Mein Tipp

Kren in Form eines schmackhaften „Anti-Schnupfen-Aufstriches“ kann auch schon bei 5-Jährigen für Furore sorgen. Von Kinderhand selbst gerührt, schmecken 1 Becher Frischkäse, 3 EL frisch gerissener Kren, mit 1 TL Honig und je einer kleinen Prise Salz und Pfeffer abgeschmeckt, sowohl auf Ofenkartoffeln als auch auf Brot unschlagbar!

Der Baldrian

Zum Abschluss unserer Kräuterwanderung werde ich die Lieblingspflanze meiner beiden Katzen vorstellen und das passende Rezept für die Hausapotheke dazu. Auf meinem letzten Tisch stehen ein Einmachglas, eine Flasche trockener Weißwein und ein Glas mit Gewürzen. Die Baldrianwurzel habe ich aus meinem Garten mitgebracht. Meine Katzen Winnie und Nelson sind mir bei der Baldrianwurzelernte nicht von der Seite gewichen. Katzen lieben die Wurzel, denn eines der vielen ätherischen Öle, die in der Heilpflanze stecken, wirkt auf Stubentiger anziehend.

Im Gegensatz zu Katzen finden Menschen den Duft der Wurzel nicht besonders anziehend. Trotzdem wird ihr moschusartiger Geruch auch in der Parfümindustrie eingesetzt und Baldrianextrakt wird als Aromastoff in Nahrungsmitteln wie zum Beispiel Gebäck und Eis verwendet. Noch beeindruckender finde ich aber, was die Wurzel für mein Nervenkostüm tun kann. In der Volksmedizin ist Baldrian schon lange ein geschätzter Ersthelfer bei allen Variationen von Unruhe und Nervosität. Für einen Baldriantee werden Wurzelstücke kalt aufgegossen, nach zwölf Stunden abgeseiht, erwärmt und schluckweise getrunken. Er gewinnt keinen Feinschmeckerpreis, hilft aber wenn die Nerven blank liegen oder der Schlaf nicht kommen will.

Wurzelmagie

Wurzeln, vor allem jene, die einer menschlichen Gestalt ähnlich waren, wurden früher Zauberkräfte zugeschrieben. Und obwohl ich bei einer Baldrianwurzel, im Gegensatz zu einer Beinwell- oder Krenwurzel, keinerlei Ähnlichkeit mit einer menschlichen Gestalt erkennen kann, wurde auch sie als mächtige Zauber- und Abwehrpflanze geschätzt und als Amulett um den Hals getragen. Die Hexenwurzel sollte vor allem Bösen schützen.
Magische Kräfte scheint Baldrian auch heute noch zu haben. Der Duft beruhigt Kinder, die Angst vor Dunkelheit oder Gespenster haben. Und weil Baldrian nicht müde macht, eignet er sich auch gut zur Bekämpfung von Prüfungsangst.

„Baldrian-Troll"

Kinder und alle die einem Talisman ihre Ängste anvertrauen wollen, mache ich mit Balduin, dem Baldrian-Troll „Balduin" bekannt.
Sein Bauch – ein buntes Stoffsäckchen – wird mit ganz klein geschnittenen Baldrianwurzeln, getrockneten Baldrianblüten und Melissen- und Hopfenblüten gefüllt. Ein Rundholzstäbchen verbindet seinen Bauch mit dem Kopf – eine mit ätherischen Ölen beduftete Filzkugel. Balduin sitzt gerne auf dem Nachtkästchen oder liegt gerne neben dem Kopfpolster und verströmt einen Duft, der entspannen lässt und ruhig macht.

Baldrian-Wein

ZUTATEN

1 kleine Handvoll geschnittene Baldrianwurzeln
1 Handvoll getrocknete Hopfenblüten
1 Zimtstange, 2 Gewürznelken
1/2 l trockener Weißwein

ZUBEREITUNG

1 Für meinen Medizinwein zerkleinere ich die gereinigten Baldrianwurzeln, gebe sie mit den anderen Zutaten in ein 1-Liter-Schraubglas und übergieße alles mit trockenem Weißwein.

2 Der Medizinwein soll drei Wochen lang ziehen bevor er abgeseiht, abgefüllt und in kleinen Mengen, leicht erwärmt, getrunken werden kann.

Befüllt mit neuem Wissen und Köstlichkeiten aus der nahrhaften Landschaft und gut bestückt mit einer Vielzahl an Rezepten, verabschieden sich meine Gäste. Ich sammle meine leeren Körbe ein und mache mich ebenfalls auf den Heimweg. Samhain steht vor der Tür und es gibt noch einige Vorbereitungen zu treffen!

Die Pastinake

Die Kürbisgesichter lachen. Meine Hexenbesen tragen neue Bänder und der Tisch mit weißen Speisen und zusätzlichen Gedecken für meine verstorbenen „AhnInnen" ist gedeckt. Es ist Samhain. Hexenneujahr. Die Nacht vor Allerheiligen. Die Nacht der Percht. Überlieferungen berichten von der alten Göttin, die mit ihrer Jagd über das Land zieht. Sie hält Gericht und hütet die Seelen, die auf der Suche nach einem neuen Körper sind.

Helmut Wittmann, ein begnadeter Märchenerzähler aus Oberösterreich, der mir schon viele magische Momente beschert hat, weiß von übervollen Tränenkrügen im Seelenzug der Percht und ihren machtvollen Rechtsprechungen zu berichten. Sie trägt viele Namen: Frau Holle, Freya, Frau Berta. Ihr Name Percht leitet sich vom keltischen Wort „perath" - Licht, ab. Sie ist die Beschützerin aller Frauen und Kinder und steckt, so heißt es, in jeder Frau kleine Lichter an.

Meine Kerzen im Garten leuchten für sie. Und auch die Schüssel mit Milch, die ich als kleine Samhain-Opfergabe vor die Tür stelle, ist für sie, wenn sie kommt und nach dem Rechten sieht. Die Schüssel ist am nächsten Morgen leer, und wenn es nicht Frau Percht war, die sie als Wegzehrung mitnahm, dann müssen es wohl die Katzen gewesen sein.

Auch mein Hollerbusch wird für die Feiertage mit Bändern geschmückt, denn in jedem Holunder wohnt der Geist von Frau Holle und für mich ist es eine Geste der Dankbarkeit für die vielen Kräutergaben, die ich in den letzten Monaten geschenkt bekam.

Dieses Jahr feiere ich mit Kerstin, meiner lieben Freundin aus Augsburg, mit der ich durch Irland gereist bin, das Samhain-Fest. Zur Vorspeise hab ich meinen Samhain-Antipasti-Teller mit Pastinaken vorbereitet. Die Pastinake kam vom Sautrog auf den Gourmet-Teller und gilt derzeit wieder als Modegemüse. Früher wurde sie zur Herstellung von Wein und Bier verwendet. Bis zur Mitte des 18. Jahrhunderts war die Wurzel auch bei uns in Ostösterreich ein wichtiges Grundnahrungsmittel und sogar auf den Tellern der Adeligen zu finden. Danach haben ihr Karotte und Kartoffel den Rang abgelaufen und sie ganz verdrängt.

Der Geschmack der Pastinakenwurzel ist angenehm süßlich-würzig. Mich erinnert er ein wenig an eine Mischung aus Karotten, Sellerie und Petersilienwurzel. Das Aroma ist dann am besten, wenn sie nach dem ersten Frost und nicht zu groß geerntet wird.

„Samhain"-Antipasti

ZUTATEN

2 Pastinakenwurzeln
1 Spalte Butternut-Kürbis
2 Handvoll geputzte Totentrompeten
1 EL Butter
2 TL frischer Thymian
1 TL klein gehackte Chilischote
1 TL Honig
3 EL Olivenöl
je eine Prise Salz, Pfeffer und gemahlene Muskatnuss

Mein Tipp

Wie viele Wurzeln hat auch die Pastinake in der Volksmedizin einen guten Ruf. Ihre ätherischen Öle können als Teeaufguss Magenschmerzen und Verdauungsbeschwerden lindern und wirken beruhigend bei Schlafstörungen.

ZUBEREITUNG

1 Ich bürste die Wurzeln unter fließendem Wasser, schneide sie würfelig und dämpfe sie bissfest. Der Kürbis wird auf die gleiche Weise zubereitet. Frisch gesammelte Totentrompeten – köstliche Speisepilze, kurz in Butter geschwenkt – werden vorsichtig daruntergemischt.

2 Darüber streue ich frischen Thymian und eine kleine, gehackte Chilischote. Jetzt fehlt nur noch etwas Olivenöl und Honig und je eine Prise Salz, Pfeffer und geriebene Muskatnuss.

Während ich auch die Wohnräume in ein Lichtermeer verwandle und das Räucherwerk für später herrichte, kann das Gericht noch etwas durchziehen.
Kerstin bringt zwei kleine Flaschen irisches Bier und einen Leprechaun – einen irischen Kobold – mit. Wir sind uns ganz sicher, dass Frau Percht uns ein Lächeln geschenkt hat und sich die Tore zur Anderswelt geöffnet haben.

Wenn die
Nebelschwaden ziehen,
verziehe ich mich
hinter meine
Tiegel und Töpfe!

November

Ab jetzt gilt es, sich wieder eine Strategie zurechtzulegen, die mindestens dreißig Tage lang das Überleben im nebelverhangenen, nasskalten Dauerdämmerlicht sichert. Der November brachte mich und mein sonnenhungriges Gemüt immer an den Rand der Verzweiflung – bis ich eine Idee gebar, die mich vor dem schlimmsten Winterblues retten sollte.

Kichernde Erbsen

Ich rief den „Club der kichernden Erbsen" ins Leben. Acht Mitglieder – eine Leidenschaft! Sieben Frauen und ein Mann verarbeiten mittlerweile seit sechs Jahren Gesammeltes, Geschenktes und Vergessenes abwechslungsreich, lustvoll und fantasievoll zu einer fast unerschöpflichen Vielfalt an kulinarischen und heilkräftigen Besonderheiten. Die Mitglieder vom „Club der kichernden Erbsen" schöpfen dabei aus dem Vollen, nämlich entweder aus den eigenen Gärten oder der heimischen, nahrhaften Landschaft. Ich erinnere mich an viele „durchgerührte" Nächte, in denen der Einkochtopf niemals auskühlte und um drei Uhr früh 50 Gläser Zucchini-Pickles, 40 Gläser Karottenmarmelade und 35 Gläser „Hollermandl" eine „Gute Nacht" wünschten. Es ist eine herrliche Arbeit, bei der nicht unbedingt die Sonne scheinen muss. Und die Hitze kommt in diesem Fall aus dem Backrohr oder dem Marmeladetopf.

Dass wir im Rahmen unseres Hobbys stolz ein Zeichen gegen den schnelllebigen Konsum setzen, dabei die Tradition des Einkochens ehren und außerdem einen Beitrag zur Stärkung der heimischen Lebensmittel leisten, ist ein schöner Nebeneffekt. Für uns gilt: Mehr Lebensqualität durch Regionalität. Unsere Gustostückerl, die jedes Jahr pfiffig und mit viel Liebe und Einfallsreichtum hergestellt und meistens zu Gunsten karitativer Projekte bei einzelnen Genussmärkten verkauft werden, kitzeln nicht nur den genussfreudigen Gaumen, sondern auch die Neugier auf das Selbermachen. Rezeptgeheimnisse gibt es nicht. Wir freuen uns, wenn wir Lust aufs Ausprobieren machen können, und hängen unsere „Küchengeheimnisse" zum Runterpflücken an einen „Rezeptebaum". Am dritten Sonntag im November findet unser jährlicher „Schmankerlmarkt" statt und ich bin dankbar für die Vorbereitungsarbeiten, die mir eine Konfrontation mit dem grauen, gruseligen November ersparen.

Dienes

Die Herbsttrompete

Kämpferische, mutige Sonnenstrahlen schafften es, sich nach einer gefühlten Ewigkeit endlich wieder einmal zwischen den Nebelvorhängen durchzuzwängen. Sie holen mich ein wenig aus meiner Höhle hervor und locken mich hinaus in die Natur. Seit wir unsere Hündin Pauline im August in den Hundehimmel verabschiedet haben, fällt es mir auffällig schwer, ausgedehnte Spaziergänge zu machen. Fand ich früher Nebelstimmung manchmal sogar mystisch-romantisch und dankte dem Nieselregen für das Gratis- Feuchtigkeitsserum für meine Haut, finde ich derzeit Novemberwetter einfach nur garstig. Ich vermisse meine „Frau Hund", und heute beschließe ich, sie zu besuchen.

Sie ruht dort, wo sich Fuchs und Henne „Gute Nacht" sagen und Herbsttrompeten Fanfaren spielen. Toni, Paulines Herrli, begleitet mich. Toni ist Naturführer, Pilzfachmann und leidenschaftlicher Schwammerl-Koch. Alles, was ich über Pilze weiß, habe ich von ihm gelernt – und das ist schon eine ganze Menge. Seit ich mich mit dem Pilzvirus infizierte, ist es schon mal vorgekommen, dass ich dreimal pro Tag zum Sammeln im Wald untertauchte.

Der lange Weg über nasses Laub und rutschige Wurzeln wärmt mich ein wenig auf und er hat sich auf jeden Fall gelohnt: Große Flecken schwarz glänzender Herbsttrompeten warten darauf, von uns gesammelt zu werden.

Der außergewöhnliche Speisepilz bleibt meist ausschließlich den routinierten Pilzsammlern vorbehalten. Trotz seines exquisiten Geschmacks wagt es fast niemand, ihn in den Korb zu legen. Das liegt an seiner schwarzen Farbe, und auch der verwendete Name „Totentrompete" trägt wenig dazu bei, dass der Pilz aus der Familie der Leistlinge häufiger auf dem Speiseplan steht. Das kann man von unserem Haushalt nicht behaupten.

Trompeten für die Küche

Im großen Reich der über 100 000 Pilzarten finden sich nicht nur giftige und genießbare, sondern auch heilkräftige Pilze. Sie werden seit langer Zeit für medizinische Zwecke genutzt. Totentrompeten gehören dazu. Sie sind kalorienarm und enthalten eine besonders für Diabetiker geeignete Zuckerart. Außerdem regulieren sie die Verdauung, liefern wertvolle Mineralstoffe und Vitamine und senken die Blutfettwerte.

Echte Profis, dazu zähle ich auch Toni, wissen die Totentrompete in der Küche zu schätzen und zaubern damit einzigartige Köstlichkeiten auf den Tisch: Ganz einfach in etwas Butter geschwenkt und mit frischer Petersilie bestreut, hat sie sofort mein Feinschmeckerherz erobert.Die schwarze Trompete als Bruschetta, in einer Pastasoße oder mit asiatischen Pasten verfeinert als Antipasti. Der Pilz belebt vielerlei Speisen allein schon durch die Farbe. Gemeinsam mit Kürbis, Erbsen oder Lachs startet der Genuss schon mit einem Augenschmaus. Nicht zu unrecht nennt man sie in Frankreich „Trüffel der Armen".

Herbsttrompeten eignen sich auch besonders gut zum Trocknen. Dieses Jahr ist unser Dachboden, ein geeigneter Platz dafür, voll besetzt. Pilzketten baumeln zusätzlich vom Gebälk. Pilze auf Schnüre gefädelt sind attraktiv und Platz sparend.

Gewürz aus dem Wald

Die Planung zur Verarbeitung der Pilze lenkt mich von den traurigen Gedanken an Pauline ab. Heute werfe ich meine kleine Mühle an und mache Pilzpulver.
Um dieses herzustellen, müssen die schon trockenen Pilze noch einmal bei niedriger Temperatur ins Backrohr. Dann lassen sie sich in meiner Mühle pulverisieren. Pilzpulver und getrocknete Pilze werden entweder in Papiersäckchen oder Gläser aufbewahrt. Zusätzliches Tieffrieren erhöht die Haltbarkeit bis zu 1 Jahr. Manchmal mische ich auch verschiedene Pilze zu einem „Waldgewürz“. Es eignet sich gut zum Würzen von Suppen, Saucen, Pilzgerichten und zum Färben von Nudelteig.

Mein Tipp

Aus Pilzpulver, sortenrein oder gemischt, mit grobem Meersalz in einem Mörser vermahlen, wird im Handumdrehen ein würziges Pilzsalz.

Herbst-trompeten-Soße

ZUTATEN

1 kleine, fein gehackte rote Zwiebel
1 Zehe fein gehackten Knoblauch
3 EL Butter
3 EL Pilzpulver
1 klein geschnittene Tomate
etwas Gemüsebrühe
ein Schuss Zitrone
Salz und Pfeffer
3 EL Crème fraîche

ZUBEREITUNG

1 Die fein gehackte Zwiebel und den Knoblauch schwitze ich in der Butter an, bevor ich das Pilzpulver und die Tomate dazugebe.

2 Das Ganze gieße ich dann mit etwas Gemüsesuppe auf, würze mit Zitrone, Salz und Pfeffer. Zum Schluss kommt Crème fraîche als i-Tüpfelchen obendrauf.

Zu Folienkartoffeln ist die Soße ein Traum.

Die Rote Rübe

Der erste Schnee ist gefallen. Die letzten Rosenknospen und tapferen Blätter waren so erstaunt wie ich. Nur mehr zehn Tage bis zum Schmankerltag vom „Club der kichernden Erbsen“ und noch so viel zu tun. Gemeinsam mit den Mitgliedern entwerfe ich einen Schlachtplan, um alles zeitgerecht unter Dach und Fach zu bringen. Außerdem überlegen wir noch immer, welchen Strudel wir am „heißen Stand“ zum Würzwein servieren wollen.
Der Rote-Rüben-Strudel, dem wir den burgenländischen Namen „Ruamzuzler-Strudel“ verleihen, gewinnt.
Die kreative pannonische Küche hat dazu beigetragen, ihrem langjährigen Image vom rustikalen Arme-Leute-Essens entgegenzuwirken. Ich koche und esse auch immer gerne die Blätter. Sie sind reich an Vitaminen und Mineralstoffen und schmecken ähnlich wie der verwandte Mangold.
Damit das klassische Wintergemüse in den nasskalten Monaten griffbereit ist, säe ich es im Sommer und ernte bis zum Frost. Ganz abgesehen davon, dass ich den aromatischen Geschmack mag, nutze ich sie auch als Kraftquelle. Meine Abwehrkräfte freuen sich besonders über den Leckerbissen im rubinroten, sonnengelben oder sogar rot-weiß-geringelten Kleid. Ihre Inhaltsstoffe beugen bakteriellen und viralen Infekten vor, schützen und entgiften die Leber und der hohe Eisengehalt unterstützt die Blutbildung. Ich setze auch auf die Anwendung in der chinesischen Medizin und serviere sie gefüllt und gebacken hin und wieder gezielt zur Beruhigung übererregter Gemüter.

Mein Tipp

Beim letzten Markt war der Rote-Rüben-Senf ein Verkaufsschlager. Dazu schwitze ich eine klein gehackte, rote Zwiebeln mit einer Messerspitze Chili in etwas Öl an, gebe klein geschnittene, rote Rüben, einige Esslöffel Rotwein und Rotweinessig, etwas braunen Zucker und zerstoßene Senfkörner samt einer kleinen Portion Senf dazu, binde alles mit etwas Gelbwurzpulver, püriere den Senf kurz und fülle ihn in sterile Gläser.

„Ruamzuzler"-Strudel

ZUTATEN

2 Handvoll Semmelwürfel
1 Ei
⅛ l Milch
4 gekochte, zerdrückte Erdäpfel
1 Becher Frischkäse
1 Becher frisch geriebener Kren
je eine Prise Salz und Pfeffer
12 Blätter Strudelteig
3 kleine, gekochte und klein geschnittene Rote Rüben

ZUBEREITUNG

1 Ich mische eine kleine Menge Semmelwürfel mit einem Ei und etwas Milch und rühre ein paar gekochte, geschälte und zerdrückte Erdäpfel, Frischkäse und viel frisch geriebenen Kren darunter und schmecke mit Salz und Pfeffer ab.

2 Dann breite ich einen Strudelteig aus und verteile die Masse darauf. Jetzt erst gebe ich die weich gekochten, klein geschnittenen Roten Rüben darauf und rolle den Strudel mithilfe eines Tuches ein. Das vorgeheizte Backrohr nimmt den prallen Strudel auf und schon bald erfüllt ein herrlicher Duft das Haus.

3 Nach etwa 20 Minuten Backzeit bei 180 Grad nehme ich den Strudel heraus und es fällt uns ziemlich schwer, die Zeit, bis er ausgekühlt und zur Verkostung bereit ist, mit dem Etikettieren unserer Produktgläser zu überbrücken.

Der Thymian

Schmankerltag! Die Präsentationstische biegen sich unter ihrer Last: Marmeladen, Chutneys, süß-sauer eingelegtes Gemüse, vegane Knabbereien, Steak- und Grillsaucen, Liköre, Salben, Tinkturen, Teemischungen, alles hat Platz gefunden und buhlt um die Aufmerksamkeit der Gäste. Schon nach den ersten Stunden zeigt eine kurze Inventur unserer Produkte, wer dieses Jahr ganz besonders die Herzen der Schmankerlfreunde erobert. An der Spitze der süße Maroni-Aufstrich, gefolgt von Toni´s eingelegten Totentrompeten und Marlene´s Holunderblütengelee. An dritter Stelle: Mein „Thymian-Hustenzwerg", ein wohlschmeckender Kräutersirup, der besonders bei Kindern großen Anklang findet.

Thymian in der Hausapotheke ist seit langem sehr beliebt. Kein Wunder, denn dieses Kräutlein macht mit Schnupfen, Husten und Heiserkeit kurzen Prozess.

Obwohl der kleine, krautige Halbstrauch selbst mit den kargen Bedingungen in einer Mauerritze gut zu recht kommt, kann hier von keinem Mauerblümchen die Rede sein.

Für Pflanzenfreunde, die aus Platzgründen „Balkonien" begrünen wollen, sind Zitronen-, Kümmel- , Lavendelthymian oder Feldthymian genau richtig. Alle Sorten sind pflegeleicht, halten lange Trockenperioden aus und gehen auch in Staunässe nicht gleich unter.

Ein Kraut für Mut und Liebe

„Thymian"- vom griechischen Wort „thymos" abgeleitet - bedeutet Mut und Lebenskraft. Die Geste der Damen, die den Soldaten Thymianzweige ansteckten damit sie gestärkt in den Krieg ziehen sollten, finde ich besonders schön.

Für die einen ein Aphrodisiakum für die Zubereitung von „Liebesbädern", für die anderen ein antiseptisches Konservierungsmittel für Fleisch; die vielfältige Verwendung der Pflanze zeigt deren Bedeutung in Hausapotheke und Küche. In der meiner Großmutter durfte das „Kuchlkraut" jedenfalls nie ausgehen.

Als Heilpflanze ist der Thymian ein wahrer Tausendsassa, der mit seinen antibakteriellen, beruhigenden, blut- und schmerzstillenden, desinfizierenden entzündungshemmenden, krampf- und schleimlösenden und pilztötenden Wirkstoffen fast das gesamte Spektrum an häufigen Beschwerden lindern kann. Seine größte Stärke liegt jedoch in seiner heilsamen Wirkung auf die Atmungsorgane. Für eine freie Nase bei Erkältungen sorgt meine Schnupfensalbe, die ich mit Thymian und Majoran herstelle und in kleinen Mengen in den Nasenlöchern auftrage. Mit der reinen Thymiansalbe, dem „Erkältungswichtel", haben Kinder und auch Erwachsene gute Erfahrungen gemacht. Sie wird in die Brust einmassiert und gibt ihre heilenden, ätherischen Öle langsam und ohne Nebenwirkungen ab.

Im Dezember helfe
ich dem Christkind beim
Geschenkemachen!
Dezember

Andere gehen auf Weihnachtsmärkte, ich gehe auf Weihnachtskonzerte. Jede Woche im Dezember habe ich eines in meinem Kalender eingetragen. Bei keinem davon sitze ich im Publikum, sondern stehe stattdessen auf der Bühne. Jazz- und Gospelkonzerte haben in der Vorweihnachtszeit Hochsaison und meine Band, die Jazzformation „Serafina", ist für Veranstaltungen dieser Art beliebt. Ich singe leidenschaftlich gerne, und das schon seit Kindheitstagen. Martin am Schlagzeug, Josef am Bass und Bernhard am Klavier, beste Freunde und begnadete Musiker, begleiten mich seit 1999. Bei „Serafina" hab ich mein musikalisches Zuhause gefunden. In der Vorweihnachtszeit eilen wir manchmal etwas hektisch zwischen Proben, Auftritten und all dem anderen hin und her. Was könnte besser geeignet sein, als die Hast mit einer kulinarischen Rast zu unterbrechen? Ich lade die drei Herren kurzerhand zur „Nikolausjause" ein. Am 6. Dezember erscheinen alle pünktlich zu Nikolauspunsch und Bratmispeln.

Die Mispel

Der Tisch ist gedeckt: Auf jedem Teller macht ein kleiner Jutesack, prall gefüllt, auf sich aufmerksam. Alle meine Musiker lieben Süßigkeiten.

Jetzt muss ich mich noch um die Mispeln kümmern. Die reifen Früchte werden dem heutigen Anlass entsprechend zu süßen Nikolaus-Säckchen verarbeitet. Einige unreife, harte Exemplare, die ich aussortiert habe, werden sich, mit etwas Goldfarbe herausgeputzt, als weihnachtliche Dekoration in Duftschalen oder am Goldfaden im Christbaum hübsch machen.

Ein paar Mispeln hebe ich mir auch immer für die Hausapotheke auf: Roh gegessen, tun sie mir bei Durchfall oder Magenbeschwerden gut. Bei Entzündungen im Mund, Hals und Rachen kann ein Tee aus Rinde und Blättern hilfreich sein.

Wild ist der kleine Baum überhaupt eine Seltenheit – da hat er übrigens Dornen –, ich beobachte, dass die kultivierte Mispel langsam doch in die Obstgärten von Liebhabern alter Sorten zurückkehren.

Ich habe das Glück, einen jener Obstgartenbesitzer gut zu kennen. In den letzten Novembertagen wurde ich, wie in den Jahren davor, dankenswerterweise großzügig zur Ernte eingeladen. Jetzt bereichern die Schätze aus Hansi´s Garten – von Kornelkirschen oder auch „Dirndln“ genannt, bis zu Sanddornfrüchten, Quitten und Mispeln - meine Vorratskammer. Nach dem Frost geerntet, eignet sich das Kernobstgewächs für die Zubereitung von außergewöhnlichen, süßen Brotaufstrichen, für die Herstellung von Kompott und Chutney, aber auch zum Einlegen in Wein.

Die meisten landen bei mir, so wie heute, fast immer im Backofen.

Die Herren Musiker haben rund um meinen Esstisch in der Küche Platz genommen und freuen sich augenscheinlich. „Da bin ich aber wirklich froh, dass der Nikolaus mich nicht vergessen hat!“, bemerkt Martin. „Einer der wenigen, der findet, dass ich brav gewesen bin“, lacht Josef. „Unser Nikolaus hat allerdings keinen Bart und einen Besen statt einem Bischofstab“, grinst Bernhard.

„Für den Bart kann ich sorgen“, antworte ich und serviere Vanillesoße und aufgeschlagenen Mascarpone mit Honig zu den Mispeln. „Jetzt darf sich jeder so viel ‚weißen Bart‘, wie er mag, auf seinen Teller laden.“

Wir hatten einen gemütlichen und stimmungsvollen Abend und mir kommt es vor, als hätten die drei etwas sanft Glitzerndes in meiner Küche zurückgelassen – oder war es doch ein klangvolles Vibrieren?

Süße „Nikolaus-Sackerl“

ZUTATEN

8 Mispeln
Datteln, Nüsse, Marzipan, Schokolade, Dörrzwetschken
1 Becher Mascarpone
1 EL Honig
½ l Vanillesauce

ZUBEREITUNG

1 Zuerst müssen die Früchte von den Stielansätzen befreit werden. Dann bohre ich mit einem kleinen Löffel eine Höhle in das Fruchtfleisch und schabe das Kerngehäuse aus. Und jetzt werden die Mispeln mit verschiedenen Leckereien gefüllt. Das ist meine Lieblingsarbeit.

2 Ich habe alle süßen Schätze vor mir ausgebreitet. Eine Dattel für die Mispel, eine für mich. Ein Stück Marzipan stecke ich in die zweite Mispel, eines in meinen Mund. Zum Schluss füllen Schokoladenstücke, Datteln, Nüsse, Marzipan und Dörrzwetschken die Mispeln und meinen Magen. Im heißen Backrohr vor mir in Sicherheit gebracht, schmoren sie bei 180 Grad Celsius für ungefähr 20 bis 30 Minuten.

Ein wenig Zeit bleibt mir noch, um aus buntem Papier kleine Stanitzel zu formen.
Wenn die gefüllten Mispeln fertig und etwas ausgekühlt sind, werde ich sie darin servieren.

Mein Tipp

Gekochte oder zu Säften verarbeitete Mispeln unterstützen die Behandlung von Darmentzündungen. In einigen Ländern werden die Früchte zur Linderung von Morbus Crohn eingesetzt.

Der Ingwer

„Dieses Mal kümmere ich mich nicht in letzter Sekunde um die Weihnachtsgeschenke!" Ein Vorsatz, der am 16. Dezember dringend nach Umsetzung verlangt. Zum Glück muss ich mich zur Besorgung meiner Geschenke nicht in die fanatische Weihnachtsglitzerwelt stürzen, sondern kann meine Geschenke in der Ruhe und Behaglichkeit meiner eigenen vier Wände vorbereiten.
Ich habe mir einige frische Ingwerwurzeln aus biologischem Anbau und ein paar Kilogramm Honig aus Wildsammlung vom heimischen Imker besorgt. Dieses Jahr lege ich allen meinen Lieben „Ingwerhonig" unter den Christbaum.
Letzten Winter hatte ich die Möglichkeit, die große und vor allem traumhaft schöne Vielfalt an Ingwergewächsen auf Costa Rica kennenzulernen. Dort wachsen himmlisch duftende, heilkräftige und würzig essbare Ingwersorten einträchtig nebeneinander. Der Shampoo-Ingwer, der in seinem kegelförmigen Kopf eine duftende, leicht schäumende Flüssigkeit produziert, mit der man sich direkt von der Pflanze weg die Hände waschen kann, hat mich am meisten fasziniert.
Besonders viel Zeit habe ich in den unvergleichlichen tropischen Medizingärten verbracht und mich dabei eingehend mit dem heilkräftigen Ingwer-Rhizom beschäftigt. Seine Blüte ist übrigens nicht weniger schön und entweder in Gelb oder Weiß gehalten.
Ingwer ist bei uns weder heimisch noch gelangen bis dato meine Anbauversuche. Seit dem Mittelalter wird Ingwer allerdings in Europa als Allheilmittel – ganz besonders bei Problemen mit dem Magen, bei Erkältungen, Kopf- und Zahnschmerzen, sogar bei Leber- und Augenkrankheiten – eingesetzt. Hildegard von Bingen hat mit der auffälligen Wurzel sogar Ingwergebäck zur Entgiftung gebacken.
Einige der im Rhizom enthaltenen Wirkstoffe ähneln dem Aspirin. Dadurch kann nicht nur das Risiko von Arteriosklerose, sondern auch die Anfälligkeit für Thrombose und Schlaganfälle verringert werden – und das ganz ohne Nebenwirkungen.
Bei mir spielt Ingwer hauptsächlich in der Küche eine Hauptrolle. Ich liebe asiatische Gerichte, und da komme ich fast nicht ohne die scharfe Wurzel aus. Außerdem habe ich entdeckt, dass selbst gemachter Ingwersirup weihnachtlichen Getränken oder auch einmal einem Glas Sekt eine besonders exquisite Note verleiht. Tja, und dann wären da noch Ingwerlikör, Ingwermarmelade, kandierter Ingwer ... und hinterher ein langes, genussvolles Mmh!
Seit ich meinen Tag mit einem wärmenden und entgiftenden Glas Ingwerwasser beginne, friere ich viel seltener und mein Magen fühlt sich wohler. Der Meister für Wehwehchen kann in Form von Kompressen bei Husten, Bronchitis, Rückenschmerzen und Gelenkserkrankungen helfen und mittels Inhalationen Erkältungskrankheiten erträglicher machen. Nicht jeder reist so gerne und unbeschwert wie ich. Ingwer ist ein absoluter Profi, was die Bekämpfung von Reise- und Seekrankheit betrifft.

Ingwerhonig „de oro“

ZUTATEN

1 große Bio-Ingwerwurzel
2 Bio-Zitronen
12 Gewürznelken
4 Stück Zimtrinde
1 kg Honig

ZUBEREITUNG

1 Ich schäle und rasple die frische Wurzel, fülle ein Glas nach dem anderen bis zu einem Drittel damit, lege Gewürze und die abgeriebene Schale einer Bio-Zitrone dazu und fülle die Gläser mit etwas Zitronensaft und Honig auf.

2 Nach etwa drei bis vier Wochen Ruhezeit kann der Ingwerhonig bei Schleimhautentzündungen und auch Erkältungskrankheiten seine keimtötende, entzündungshemmende Wirkung zur Anwendung bringen.

30 kleine, dekorative Einmachgläser stehen erwartungsvoll, schön aufgereiht vor mir. Sie alle werden in der nächsten halben Stunde gefüllt sein, denn nicht länger dauert es, den heilsamen Honig zuzubereiten. Meine Küche sieht anschließend wie ein klebriges Schlachtfeld aus, doch die Gläser waren im Nu fertiggestellt. Jetzt müssen sie noch gut gesäubert, getrocknet und danach selbstverständlich weihnachtlich dekoriert werden.

Mein Tipp

Ich empfehle in eine spezielle Ingwerreibe aus Keramik zu investieren, weil das faserige Rhizom bei gewöhnlichen Reiben hängenbleibt und die Reibe furchtbar schwer zu reinigen ist.

Duftpotpourri „Weihnachtsfee“

ZUTATEN

ZUBEREITUNG

Die Quitte

Mit einiger Anstrengung und strenger Termindisziplin ist es mir gelungen, die „stillste Zeit" im Jahr zumindest zwei Tage vor dem Heiligabend in mein Häuschen zu bitten. Es genießt den Schmuck aus Tannen- und Fichtenreisig. Mir gefällt das uralte Symbol der immergrünen Zweige, die auch in der dunkelsten Zeit des Jahres voller Lebenskraft stecken.
Auch mein Baum, immer wieder ein Exemplar mit zwei oder drei Gipfeln oder einem großen Loch in der Mitte, den außer mir niemand hübsch findet und den ich meist gratis mitnehmen darf, wird nach vorchristlichem Brauch im Sinn eines „Welten- oder Lebensbaumes" geschmückt: mit goldenen Nüssen der Weisheit, mit Lebkuchenherzen für die Süße der Liebe und mit Äpfeln und Quitten als Sinnbild für das paradiesische, ewige Leben. In der Mitte meines Baumes nimmt meine Waldfrau Platz.
Am liebsten würde ich mich, wie meine Katzen, ein wenig unter dem Baum verstecken und Duft und Ruhe genießen, aber ich komme nicht drumherum, den Korb Quitten, der schon seit einiger Zeit auf mich wartet, noch am selben Abend in Angriff zu nehmen.

Kernobst im Wollkleid

Weil ich am heiligen Abend zum Dessert „Quitten-Weihnachtsengerl" servieren möchte, steht nun das mühevolle Schälen des Kernobstes auf dem Programm.

Geduldig entledige ich eine Frucht nach der anderen ihres wolligen Schalenkleides. Ein umwerfender Duft breitet sich aus. Bei uns im Burgenland liegt die Quitte als Winterfrucht wieder absolut im Trend. Ganz besonders die süßherben Köstlichkeiten wie zum Beispiel Quittenkäs oder Quittenbrot, die früher zusammen mit den Weihnachtskeksen auf dem Teller lagen, haben die Herzen der Feinschmecker zurück erobert.
Die ursprüngliche Heimat des kleinen, Laub abwerfenden Baumes mit den wunderschönen Blüten befindet sich am östlichen Kaukasus. In meiner Heimat wächst er überall dort wo sich auch Weintrauben und Birnen wohl fühlen. Übrigens: auch die Früchte der Zierquitte schmecken gut! Wichtig ist nur zu wissen, dass sie allesamt roh ungenießbar sind.
Meine Quitten habe ich im Oktober geerntet, als ihre Farbe gerade von Grün auf Gelb umschlug. Sie waren also noch nicht ganz reif, aber der Pektingehalt, der sich positiv auf die Darmtätigkeit und den Cholesterinhaushalt auswirkt, ist dann besonders hoch. Pektin bindet außerdem Schadstoffe und transportiert sie aus dem Körper hinaus.

Eine für alles

Wenn ich Quitten verarbeite, bleibt praktisch nichts für den Kompost übrig. Die Schalen enden fast alle im Wäscheschrank oder in Duftschalen. Die Kerne lutsche ich manchmal als Hustenbonbon. Sie bilden einen wohltuenden Schleim, der Reizhusten energisch in die Schranken weist. Aus den Blättern, der Frucht und den Kernen bereite ich mir auch manchmal einen wohlschmeckenden, beruhigenden Einschlaftee zu.

Das Hauptaugenmerk setze ich allerdings auf das Fruchtfleisch, aus dem sich zauberhafte süßen Marmeladenkreationen mit Marzipan und geriebenen Nüssen oder scharfe Chutneys mit Ingwer und Chilis zubereiten lassen. Und wenn ich mal zu viele Quitten, aber zu wenig Zeit habe, werden die Früchte samt Schale kurzerhand in Stücke geschnitten und mit Zucker, Gewürzen und Wodka für meinen „Engelsfeder-Likör" angesetzt.
Und wenn ich das Weihnachtsfest in der Heimat verbringe, serviere ich mein himmlische „Quitten-Engerl", ein exquisites Früchtekompott in Vanille und Gold.

Mein Tipp

Quittenschalen und deren Inhaltsstoffe, verwöhnen spröde Haut in kalten Jahreszeiten besonders großzügig. Dazu die Schalen einfach pürieren, auf die gereinigte Haut auftragen und nach einer 20-minütigen Einwirkzeit abwaschen.

Quitten-„Engerl“

ZUTATEN

3 Quitten, geschält und klein geschnitten
1 Bio-Zitrone
1 Stück Zimtrinde
3 Gewürznelken
2 Kardamomkapseln
1 cm frische Ingwerwurzel
etwas Apfelsaft
1 EL Honig
1 Becher Topfen
2 Kugeln Vanilleeis
1 Messerspitze gemahlener Zimt
1 Birne
essbares Blattgold

ZUBEREITUNG

1 Für diese Speise kann ich auch problemlos sehr reife Früchte verwenden. Bräunliche Flecken an der Schale schneide ich aus und träufle etwas Zitronensaft darüber. Ich gebe die geschälten, klein geschnittenen Quittenstücke zusammen mit der abgehobelten Schale einer Bio-Zitrone, einigen Gewürzen und einem Stück Ingwer in einen Topf, bedecke alle Zutaten mit etwas Apfelsaft und lasse sie so lange köcheln, bis die Quittenstücke weich sind. Manchmal habe ich Lust, die Früchte abschließend zu pürieren, aber notwendig ist es nicht.

2 Damit mein Quitten-Engerl weich sitzt, wird das mit etwas Honig gesüßte Kompott auf einer „Wolke“ aus Topfen, Vanilleeis und Zimt angerichtet. Halbierte Birnenscheiben, deren Spitzen in essbares Blattgold getunkt werden, dienen als Engelsflügel.

Mein Tipp

Quittenschalen und deren Inhaltsstoffe verwöhnen spröde Haut in kalten Jahreszeiten besonders großzügig. Dazu die Schalen einfach pürieren, auf die gereinigte Haut auftragen und nach einer 20-minütigen Einwirkzeit abwaschen.

Mit einer Pflanze durch das ganze Jahr

Alle guten Dinge sind 13!

13 Mondmonate, die 13. Fee, 13 Minzen, ein 13. Kapitel ... und das 13-köpfige „Natur-im-Garten"-Drehteam nicht zu vergessen! Seit dem Jahr 2007 betrachte ich die Jahreszeiten nicht nur aus einem anderen Blickwinkel, sondern auch hin und wieder durch die Kameraoptik. Meine kleine, feine Rubrik „Uschi gräbt um" in einer Gartensendung und die dazugehörigen Recherchen, Dreharbeiten und Pflanzen brachten einen neuen Rhythmus in meinen Jahreslauf. Den Pflanzengast, den ich als Ersten in einer Sendestaffel vorstelle, läutet meinen ganz persönlichen Frühling ein, und der, der das Fernseh-Gartenjahr beendet, ist auch gleichzeitig der Vorbote für meinen Winter. Ich liebe das Gefühl, Hand in Hand mit den Pflanzen durch das Jahr zu reisen. Jenen gegenüber, die mich vom Frühling bis zum Winter begleiten, empfinde ich eine Art Dankbarkeit. Sie versorgen meine Küche, meine Hausapotheke und den Kosmetikschrank.

Während mir die Medien suggerieren, ich würde für alles und jedes etwas Eigenes, Spezielles brauchen, beweist mir die Natur immer wieder das Gegenteil. Weniger ist mehr! Mit nur vier Pflanzen schmeckt jede Jahreszeit anders köstlich und in meiner Hausapotheke finde ich von Jänner bis Dezember immer das Richtige für kleine Wehwehchen.

Das Gänseblümchen

Es ist März. Erst vor wenigen Tagen hat sich die Schneedecke vornehm auf das hinterste Beet zurückgezogen. Als heute nach fast fünf Monaten das Drehteam wieder Einzug in meinen Garten hält, sind es nur die Daunenjacken und Mützen, die ihn ein wenig farbenfroher aussehen lassen. Die Frühlingstemperaturen „urlauben" noch am Mittelmeer, und deshalb wird mir während der Dreharbeiten für die erste Frühlingsstaffel gegen die allerschlimmste Kälte ein kleiner Heizstrahler zu den Füßen gestellt.

Das Gänseblümchen kann im Gegensatz zu mir mit unangenehmen Bedingungen bewundernswert gut umgehen. Es scheut weder Schnee noch pralle Sonne, trotzt mit seiner robusten Blattrosette Füßen und sogar Rasenmähern. Es ist derzeit auch so ziemlich das einzige Pflänzchen, das sich getraut, sich aus der Erde rauszustrecken und in die Kamera zu schauen.

Während ich auf das Signal: „Kamera läuft!" warte, muss ich an das alte Blütenorakel denken: „Er liebt mich, er liebt mich nicht ..." Ich gebe zu, das habe ich in meinen Kindheitstagen sehr oft strapaziert. Ich weiß jetzt, dass das Orakel nicht immer die Wahrheit sagt, und deshalb habe ich für Gänseblümchen bessere Verwendungsmöglichkeiten gefunden.

„Gänsemagd"-Salat

Wenn im Frühling die Gier auf frisches Grün unbezähmbar wird, bringt der Gänsemagd-Salat, ein Frühlingssalat aus Gänseblümchen, Feldsalat, Nüssen, Apfelstückchen und verschiedensten Wildkräutern – sofern schon vorhanden – eine geballte Ladung an Vitaminen auf den Teller und erfreut gleichermaßen als Augenschmaus. Die lästige Frühjahrsmüdigkeit kommt mit Gänseblümchen & Co. nicht zum Zug. Die Inhaltsstoffe des heimischen Korbblütlers reinigen das Blut und kurbeln den Stoffwechsel ordentlich an. Roh, aber auch in Form von Tinktur oder Tee eignen sich Gänseblümchen daher ideal für eine Entschlackungskur.

Gänseblümchen-Balsam

1/4 kg Pflanzenfett aus biologischem Anbau
1 gehäufte Handvoll Gänseblümchen
2 EL Bienenwachsperlen

„Gänsemagd"-Salat

1 Handvoll Gänseblümchen-Köpfe
2 Handvoll Feldsalat
1 Handvoll gemischter Wildkräuter (Vogelmiere, Giersch, Gundelrebe)
2 EL gehackte Nüsse
1 kleiner Apfel, würfelig geschnitten

Für die Marinade:
4 EL Pflanzenöl
1 TL Honig
3 EL Blütenessig
1 TL Senf, etwas Salz

Gänseblümchen-Balsam

Wenn die herbstliche Gartenarbeit meine Nagelhaut rissig und wund macht, ist ebenfalls das Gänseblümchen als kleiner Retter in der Not zur Stelle. Ich lasse eine Handvoll Blütenköpfchen und Blätter für 15 Minuten in etwas heißem Pflanzenfett ziehen und dann auskühlen. Am nächsten Tag erwärme ich die Masse, seihe die Pflanzenteile ab, rühre Bienenwachs unter und fülle den fertigen Balsam in Tiegel.

Gänseblümchen-Kapern „Dinata“

1 Handvoll frische Gänseblümchen-Knospen
⅛ l Wasser
⅛ l Apfelessig
2 EL Meersalz
1 TL brauner Zucker
1 TL Korianderkörner
½ Schalotte
1 Zehe Knoblauch
je 1 Prise Currypulver, Cayennepfeffer und Kreuzkümmel

Gänseblümchen-Kapern Dinata

Ein wenig zeitaufwendig, aber köstlich und exquisit sind Gänseblümchen-Kapern. Die dazu verwendeten Knospen kann ich das ganze Jahr über pflücken. Meistens warten schon im Frühsommer die ersten Gläschen „Gänseblümchen-Kapern Dinata“ auf ihre Verkostung. Dinata bedeutet „die Bescheidene“ und kommt aus der indischen Sprache. Bei einem meiner Experimente mit Zutaten stellte ich eines Tages fest, dass bestimmte indische Gewürze dieses Rezept in hohem Maß verfeinern. Ich gebe die Gänseblümchen-Knospen in ein Gefäß und übergieße sie mit einer Lösung aus Wasser, Meersalz und braunem Zucker. Nach 24 Stunden Ruhezeit spüle ich die Knospen mit Wasser ab und lege sie in ein Schraubglas. Ich koche eine halbe Schalotte mit Knoblauch und Koriander in etwas Apfelessig auf und übergieße damit die Knospen. Jetzt fehlen noch je eine Messerspitze Currypulver, Cayennepfeffer und Kreuzkümmel. Nach zwei Wochen können die Gänseblümchen-Kapern, am besten zu Schaf- und Ziegenkäse und gefüllten Eiern, serviert werden.

„Husten-weg“-Teemischung

Die letzte Gänseblümchen-Ernte wird für eine wohltuende Teemischung getrocknet und aufbewahrt. Die schleim- und hustenlösenden Inhaltsstoffe des vielseitig einsetzbaren Pflänzchens sind in Erkältungszeiten nicht wegzudenken. Äußerlich, als Waschung angewendet, kann Tee aus Gänseblümchen auch Hautunreinheiten beseitigen.

„Ringel Ringel Reihe,
wir sind der Kinder dreie,
wir sitzen unterm Hollerbusch und rufen alle: husch husch husch!"

Der Holunder

„Uschi, bitte los!“ Zwei Kameralinsen starren mich erwartungsvoll an. Ich starte meinen bereits vierten Anlauf, ein Holunderrezept zu präsentieren. Aber auch dieser Versuch bringt bloß Material für die „Hoppalas“ am Ende der Sendung. „Vielleicht hilft ein kräftiger Schluck von deinem Holunderblüten-Likör!“, neckt der Regisseur. Hilfreicher wäre wohl die Unterstützung der zauberischen Frau Holle. Ich schiele zu meinem Holunderstrauch. Dort wohnt die Erdmutter der Legende nach und hütet den Eingang zur Unterwelt. Und plötzlich folgen meine Gedanken der Goldmarie aus dem Märchen durch den Brunnen in das Reich der Frau Holle. Ich verrichte gemeinsam mit ihr alle magischen Tätigkeiten, schüttle den Apfelbaum, zieh das Brot heraus und mache sogar Wetterzauber: Ich schüttle die Bettdecke und es schneit … „Uschi, bitte noch einmal!“ Mein Tagtraum ist zu Ende aber der Holunderstrauch raschelt freundlich mit seinen Blättern.

Nie im Leben wäre ich, so wie viele andere Gartenbesitzer, auf die Idee gekommen, ihn aus meinem grünen Reich zu entfernen. In den Ländern des Nordens sollen noch heute ältere Herren ihre Hüte zur Ehrerbietung lüften, wenn sie an der Pflanze vorbeigehen. „Rinde, Beere, Blatt und Blüte, jeder Teil ist Kraft und Güte, jeder segensvoll“, erklärt eine alte Weisheit.

Blüten mit Heilkraft und Geist

Ich schätze mich mehr als glücklich, ein Prachtexemplar von meiner Großmutter geerbt zu haben. Er wächst genau an der richtigen Stelle, neben den Komposthaufen, denen er im Sommer den nötigen Schatten spendet. Jetzt im Mai versprüht er seinen Charme mit cremeweißen Blütendolden, die jedes Kind, ob als, süße „Hollerschöberl" – in Teig herausgebackene Blütendolden – oder als erfrischenden Holunderblütensaft liebt.

Der Blütensirup ist bereits abgefüllt, und bevor die Pracht wieder viel zu schnell vergeht, sammle ich noch Blüten, die ich im lichten Schatten zum Trocknen auflege. Holunderblütentee wirkt fiebersenkend und schmerzlindernd und treibt einer Grippe die Schweißperlen auf die Stirn. Auch ein Holunderblüten-Likör will noch angesetzt werden. Ich fülle ein großes Einmachglas bis zur Hälfte mit frisch gepflückten Blüten, gebe die Scheiben einer Bio-Orange, Gewürze und ein paar Apfelspalten dazu und übergieße alles mit Wodka. Der Ansatz muss gute drei Monate an der hellen Fensterbank ruhen, bis „Frau Holle" abgeseiht und in Flaschen gefüllt werden kann.

Holunderblüten-Likör „Frau Holle"

Für ein 1-Liter-Schraubglas
20–25 Blütendolden
1 Bio-Orange
1 Zimtrinde
1 Vanilleschote
1 Liter Wodka

Heilsalbe „Hollerbusch"

1/8 kg Pflanzenfett aus biologischem Anbau
4 EL Holunderbast
10 zerkleinerte Holunderblätter
1 EL Bienenwachsperlen

Heilsalbe Hollerbusch

Nach der Blütezeit widme ich mich einem anderen, weniger bekannten, heilkräftigen Teil der magischen Pflanze. Unter der grau-braunen Rinde hält der saftiggrüne Bast darunter Heilkräfte für meine Salbe bereit. Ich bitte den Hollerbusch um Erlaubnis, etwas Bast und ein paar Blätter zu pflücken und verarbeite dann die Pflanzenteile zu Hause, indem ich sie zerkleinert in heißem Pflanzenfett ausziehe, über Nacht auskühlen lasse, nochmals erwärme, Bienenwachsperlen unterrühre und dann als Salbe in Tiegel abfülle. Ich verwende die Heilsalbe zur Behandlung von kleineren Wunden und ganz besonders zur Pflege von rauen Hautstellen.

Ein Haus für Nützlinge

Bei meiner spätsommerlichen Gartenpflege stelle ich fest, dass mein Holunderbaum eine stattliche Größe erreicht hat und ihm ein Rückschnitt nicht schaden würde. An die Arbeit! Die Zweige schneide ich dann in gleich lange Stücke von ungefähr 12 Zentimeter. Die älteren sind innen hohl und eignen sich daher bestens für eine behagliche Wohnzimmerausstattung für Nützlinge. Ich fülle eine leere Blechdose mit gleich langen Ästchen und stopfe rundherum Holzwolle dazu. Mit ein paar bunten Bändern verziert, hänge ich das Nützlingshaus unter einen Dachvorsprung. Kleine, nützliche Insekten aller Art können darin gut geschützt und noch dazu stylisch überwintern.

Material für ein Nützlingshaus

1 leere Blechdose
Holunderzweige und andere hohle Stängel
1-1,5 cm Durchmesser und gleicher Länge
ein Stück Draht und Dekoration nach Belieben

Wildsoße „Holler Hot“

1 kg verlesene Holunderbeeren
1 Apfel oder Birne
1 kg Gelierzucker
6–8 Wacholderbeeren
2 EL schwarzer Pfeffer
2 EL Chiliflocken
1 Messerspitze gemahlener Zimt
1 EL Apfelessig
1 EL Zitronensaft
⅛ l Portwein

Wildsoße „Holler-Hot“

Ich freue mich jetzt schon auf die vitaminreichen Köstlichkeiten aus Hollerbeeren. Die begehrten Herbstfrüchte sind nicht nur für mich geschätzte Rohstofflieferanten für Tees, Liköre, Mus und Marmeladen. Roh sind die Beeren leicht giftig, aber gekocht sind sie nicht nur unbedenklich, sondern reich an Vitamin C und Folsäure. Der Saft der Beeren ist sehr aromatisch, säurearm und kaum süß. Wenn es mir an Zeit mangelt, friere ich die reifen Beeren ein, um sie dann im Laufe des Winters weiterzuverarbeiten.

Wie wäre es mit ein paar Löffeln „Holler Hot“ zum Wildbraten? Für diese scharfe Wildsoße gebe ich die verlesenen Beeren in einen Topf, bedecke sie mit Wasser und koche sie gute 15 Minuten lang. Danach werden die Beeren durch ein Sieb gestrichen und der so entstandene Saft aufgefangen. Dann schneide ich einen kleinen Apfel oder wahlweise eine Birne würfelig und gebe sie gemeinsam mit Gelierzucker, einigen gequetschten Wacholderbeeren, viel Pfeffer und Chili aus der Mühle, einer Prise Zimt, einem Schuss Apfelessig und einem Spritzer Zitronensaft zum Holunderbeerensaft und koche alles vier Minuten heiß sprudelnd auf. Mit einem Schuss Portwein setze ich der Steaksoße das Krönchen auf und fülle die heiße Soße in sterile Gläser.

Die Brennnessel

Die sommerliche Drehpause ist vorbei. Heute wird mein kleiner Garten wieder zum großen Filmdrehort. Die Zutaten für meinen ersten Pflanzengast der Herbststaffel liegen vorbereitet auf einem Tablett. Kurt, der Ausstatter, schaut mich fragend an: „Was machen wir mit dem Berg Brennessel?" Meine Antwortet lautet: „Brennnessel-Tee, Brennnessel-Tinktur, Brennessel-Saft, Brennnessel-Smoothie, Brennnessel- Jauche …"
Kurt lacht: „Schon gut, und für welches Rezept hast du dich entschieden?"
„Für vier verschiedene, denn die Brennnessel kann man nicht so einfach abspeisen!"
Kurt gibt sich geschlagen.

Fit mit Frühlingsgeistern

Um meine Winterschlacken los zu werden, verordne ich mir eine sechswöchige Brennessel-Teekur. Aber auch frische Brennesseln in unterschiedlichen Gerichten kurbeln den Stoffwechseln an und liefern wertvolle Mineralstoffe für Haut und Haare.

„Frühlingsgeister"-Teemischung

1/8 kg Pflanzenfett aus biologischem Anbau
4 EL Holunderbast
10 zerkleinerte Holunderblätter
1 EL Bienenwachsperlen

„Frühlingsgeister“-Spinat

1 kleine Zwiebel
2 Knoblauchzehen
eine Handvoll frische Gierschblätter
4 Handvoll frische Brennnesselblätter und -triebe
Gemüsebrühe
2 EL Frischkäse
1 EL gehackte Minzeblätter
je eine Prise Salz, Pfeffer und Muskatnuss

„Würz-Nessi“

Wer hätte gedacht, dass geröstete Brennnesselsamen so köstlich sind!

Frisch oder getrocknet liebe ich ihren nussigen Geschmack. Am allerbesten kommt dieser jedoch nach dem Rösten zur Geltung. Noch auf den Samenständen kommen sie für 15 Minuten bei mittlerer Hitze in den Ofen. Wenn sie trocken sind, lösen sie sich auch problemlos von den Ständen. Ich sammle die Samen aus dem gröberen Material und bewahre sie in Papiersäckchen an einem trockenen Ort auf. Gemeinsam mit anderen Samen und Körnern ergeben sie eine köstliche Würzmischung, die ein Butterbrot genauso verfeinert wie Brotteig oder einen Salat.

„Frühlingsgeister“-Spinat

Für meinen Frühlingsgeister-Spinat dünste ich Zwiebel und Knoblauch in etwas Öl an, gebe die klein gehackten Blätter und Triebspitzen von Brennnessel und Giersch dazu, lösche mit etwas Gemüsebrühe ab und dämpfe alles, bis die Brennnesseln weich sind. Dann gebe ich sie gemeinsam mit etwas Frischkäse in einen Mixer, püriere alles zu einem Spinat und schmecke mit Salz, Pfeffer, etwas Minze und Muskatnuss ab.

„Würz-Nessi“

3 EL geröstete Brennnesselsamen
1 EL zerstoßene Koriandersamen
1 TL geröstete Bockshornkleesamen
1 TL geröstete Kreuzkümmelsamen
2 EL geröstete Sonnenblumenkerne

Die Schwarzkiefer

Ich weiß zwar nicht, wie es passiert ist, aber das Gartenjahr ist plötzlich wieder um. Auf die Winterpause hab ich so gar keine Lust. Den vorweihnachtlichen Abschluss meiner Rubrik macht heuer die Schwarzkiefer oder Föhre. Eine kleine Ausgabe hat mir Papa aus unserem Wäldchen gebracht. Sie steht bereits als Weihnachtsbäumchen geschmückt am Set. Der Baum ist echter Balsam für Körper und Seele.

Im mittelalterlichen Alltag hatte die Föhre einen hohen Stellenwert. Grund dafür war in erster Linie das Harz. Die pechgetränkten Kiefernholzspäne – die sogenannten Kienspäne – brachten Licht ins Dunkel, und der balsamische Duft, der dabei aufstieg, wirkte schon damals beruhigend auf die Menschen. Dieses ätherische Öl schätze ich besonders. Es steckt in den Nadeln, Sprossen und im Harz und lindert das ganze Jahr über so manche Beschwerden.

Nadeln mit Balsam drin

Auf die Ernte der sogenannten „Maiwipferl", der grünen, weichen Sprossen, freue ich mich jedes Jahr. Gemeinsam mit Kandiszucker oder Honig in ein Glas geschichtet, ergeben sie nach drei Monaten einen wohltuenden Hustensirup.

„Wipferl-Wicht"-Hustensirup

1-Liter-Einmachglas
½ kg Kandiszucker oder Honig
6 Handvoll frische, weiche Kiefernwipfel

Franzbranntwein

50 ml Kieferntinktur
10 ml Weingeist (95 % Vol.)
20 Tropfen ätherisches Öl von der Weißtanne
20 Tropfen ätherisches Öl vom Rosmarin
20 Tropfen ätherisches Öl von der Pfefferminze

Franzbranntwein

Sobald das Wetter im Frühsommer wieder taugliche Temperaturen zu bieten hat, überkommt mich fast jedes Jahr die „Laufwut", und wie immer übertreibe ich es anfangs ein wenig. Mein Franzbranntwein hat dann die Aufgabe, meinen Muskelkater wieder zu beruhigen. Dafür muss etwas Föhrentinktur – in Weingeist angesetzte Föhrennadeln – vorrätig sein, die ich dann gemeinsam mit den ätherischen Ölen von Pfefferminze, Rosmarin und Weißtanne in Weingeist löse.

Die Gesamtmischung wird milchig, wenn der Weingeist mit der Tinktur und den ätherischen Ölen eine Art Emulsion eingegangen ist, und sollte vor jeder Anwendung ein wenig geschüttelt werden.

Schnupfennase-Inhalationsmischung

Bäder und Inhalationen wie die Schnupfennase-Inhalationsmischung helfen mir bei Erkältung am allerbesten. Einfach den Kopf über die Mischung beugen, ein Handtuch über den Kopf, tief einatmen und Nase laufen lassen.

„Schnupfennase"-Inhalationsmischung

1 Handvoll Kiefernnadeln
1 Handvoll Tannen- oder Fichtennadeln
2 EL Meersalz
5 Tropfen ätherisches Öl von Cajeput
5 Tropfen ätherisches Öl von Niaouli
1 L heißes Wasser

Kierfernharzbalsam nach „Mutter Wieser"

250 g Schmeerfett (Bauchfett vom Schwein)
250 g Schweinefett (Darmfett)
150 g Bienenwachs (Wachsperlen aus der Apotheke)
800 g Harz (Pech)
10 – 20 g Kampfer

Die Zutaten müssen im richtigen Verhältnis vermischt und erwärmt werden. Die Menge an Kampfer sollte dabei keinesfalls mehr als 10% der Gesamtmasse ausmachen und wird erst zum Schluss, bevor der flüssige Balsam durch ein feines Sieb abgeseiht und in Tiegel gefüllt wird, beigemengt.

Danke ...

… liebe Zuseher der ORF-Sendung „Natur im Garten“, insbesondere den Freunden der Rubrik „Uschi gräbt um“. Durch Ihr wachsendes Interesse kam dieses Buch zustande.

… dem Radio-Burgenland-Team, für eure Unterstützung und dafür, dass Kräuterhexen im Radio Gehör finden.

… liebes Team von der Aktion „Natur im Garten“. Ihr gebt der „Kräuterhexe“ Raum und Platz für ihre Ideen.

… und ein Extra-Bussi, liebes Drehteam meiner Rubrik (Fa. Talk-TV). Ihr schafft es, Wintertage in Sommertage zu verwandeln und „Hexen“ zauberhaft aussehen zu lassen und überhaupt: Ihr seid einfach spitze!

… und auch ein Extra-Bussi, lieber Toni, mein „Schwammerlkönig“. Vielen meiner Rezepte hast du nicht nur den letzten Schliff gegeben, sondern so manchen Gustotückerln wie zum Beispiel der Marillen-Exotin "Kamasutra“ oder der Herbsttrompeten-Pilzsoße die kulinarische Krone aufgesetzt.

… liebe Familie. Auf euch kann ich mich in jeder Situation verlassen. Ihr seid immer zur Stelle ist, wenn Not an „Papa“, „Mama“ und „Schwester“ ist.

… liebe Luisa Francia. Ich habe eigentlich keine Vorbilder – für (ver-)ehrenswert darf ich dich trotzdem halten. Du und deine Bücher beeindrucken und inspirieren mich immer wieder.

… lieber Hannes Pintarits, für den Ausflug zu deinen blühenden Safranfeldern, den wichtigen Informationen und leidenschaftlichen Tipps zum königlichen Gewürz.

… liebe Astrid Gruber, für deine ganzjährige, ansteckend gute Laune, die sogar in deinem Brot zu schmecken ist.

… lieber Wilfried Felber, für die spannende Bekanntschaft mit dem Universalgenie Weide im Rahmen deines beindruckenden Korbflechtkurses.

… liebe AktivistInnen der Bürgerinitiative „Wir haben´s eulig“, für das beharrliche Eintreten und Auftreten für die Gesamterhaltung des Natura 2000 Schutzgebietes im Naturpark Rosalia-Kogelberg.

… lieber Franz Rigler, für das Zur-Verfügung-Stellen deiner exquisiten Gemüseraritäten.

… lieber Gebhard Kofler-Hofer, „Gartenelf“ vom Verein Arche Noah, für deine unübertrefflich leidenschaftlichen Vorträge und den wertvollen Austausch, den du mit mir seit vielen Jahren pflegst.

… lieber Franz, liebe Familie Bogner, für einige der schönsten Stunden meines Lebens zwischen Musik und Tanz.

… liebe Katharina Lehner, für deine Marillen – und ganz besonders für die wertvollen Pausen bei dir, wenn die „Kräuterhexe“ der „Hexerei“ und vielem anderen überdrüssig ist.

… lieber Walter Pfeifer und Franz „Hippa“ für die köstlichen Obstspenden und herrlichen Erntetage im „Paradies“.

… liebes Klosterberg-Team, für eure liebevolle und aufmerksame Begleitung beim Heilfasten. Beim „Urlaub vom Essen“ wird immer alles gut, ist alles gut und bleibt alles lange gut.

… liebe Kerstin Winkler, für die gemeinsamen, im wahrsten Sinne des Wortes „zauberhaften“ Erlebnisse auf der grünen Insel.

… lieber Helmut Wittmann, für viele magische Momente bei deinen Märchenwanderungen und die wertvollen Inputs beim Austausch über die „Verlangsamung der Zeit“ und das „Feiern der Natur“.

… lieber Hansi Wograndl, für die großzügigen, herbstlichen Gaben aus deinem Obstgarten.

… lieber Bernhard Macheiner, Martin Weninger und Josef Lackner, für die unübertrefflichen musikalischen Erlebnisse mit „Serafina“.

… liebe Familie Scheiber, für die entspannende, gastfreundliche „Auszeit“ in Costa Rica.

… liebe Marlene Spuller, für deine liebevolle, zuverlässige Mitarbeit beim Kinderprogramm „Willi Wulkafrosch“.

… nicht zuletzt dem Team des CADMOS/avBuch-Verlages. Meine Lektorin Christine Weidenweber war eine wunderbar einfühlsame und ermutigende „Hebamme“ für mein Erstlingswerk.